你不知道的

台灣美味秘境 小旅行

隱藏在

港灣海鮮、山林野味、

田園蔬食、巷弄私房菜的

80 種滋味追尋

華文旅遊媒體
開啟新里程

MOOK for iPad / iPhone 旅遊導覽

App 全新上市！

想體驗全新超強旅遊導覽功能

您就該立即前往 Apple App Store 搜尋： mook

用手指來感受前所未見的酷炫旅遊吧！

---

iPad 100 系列

每套售價美金1.99元

iPhone Travel Guide 系列

每套售價美金5.99元

---

iPhone Map Go Go 系列

每套售價美金2.99～3.99元

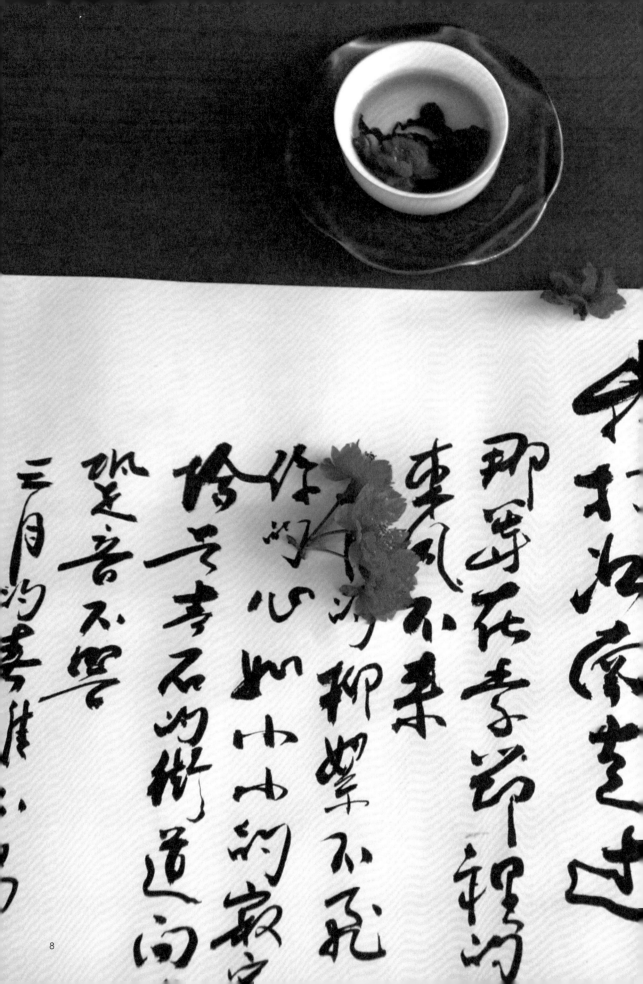

我打马江南走过
那等在季节里的钟的
东风不来
你的柳絮不飞
你的心如小小的寂寞的
恰若青石的街道向
跫音不响
三月的春帷

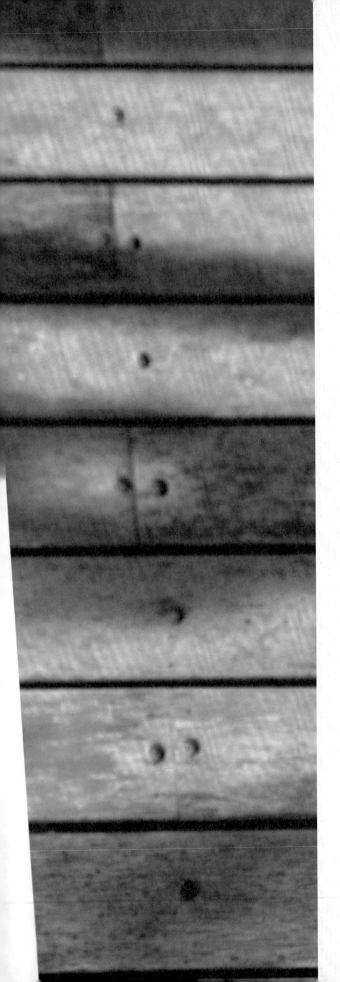

北台灣，
品味手作新食尚

文山草堂

山林中

在山林中品嚐原味多彩蔬食

文山草堂

價位：用餐每人390元（只接受預約用餐）、泡茶每人150元
地址：新北市石碇區碇格路二段2號（北47縣道6.5公里處）
電話：02-26651688

（左）古早的大鼎當爐灶、鐵製水壺煮水，用山泉水泡茶招待來客，別有一番古早趣味。（右上）迎客小徑，草堂入口掛著主人的書法作品，其中一幅寫著：「山不在高有僊則名 水不在深有龍則靈」。（右下）主人的書法、雕塑作品散布園區內，點綴在山林間，形成一花一世界、一葉一菩提的美景。

「山不在高，有僊則名，水不在深，有龍則靈。」隱身於新北市石碇山區裡的文山草堂入口寫了這麼一首詩詞，尋幽訪勝的旅人來到這個黑白的書法世界裡，品嚐鮮採現做的多彩蔬食，窗外，是無盡的閒適綠意。

石碇，位於景美溪上游，因為做茶的買賣從清朝開始興盛，這個以茶繁榮的小鎮廟宇多、產業道路更多，離開喧囂的縣106道乙，轉往小格頭的北47縣道，人車聲瞬間靜默，只留下兩旁的蟲鳴鳥叫。

「雲霧中的石碇最美。」這是文山草堂小老闆蘇唯中的真心話，欲雨未雨的薄霧早晨，車行北47縣道至6.5公里前，在山壁上大大的「文山草堂」4個書法字，勝過任何千言萬語地迎接著訪客。

沿著小徑步入處處皆風景，3尊老闆蘇信和雕塑的佛像莊嚴地立在入口處，鳳仙花、日日春都笑開了臉，一進屋內老闆馬上奉茶，旅途勞頓消失得無影無蹤。環顧四周，刷白了的牆面上掛滿各式黑白書法作品，而照明用的燈籠畫的卻是彩色山水，窗戶有大有小，桌椅都是木頭手工，古早的大鼎放上炭火用來煮水，整個氛圍沒有時間的存在，人，漸漸放鬆了下來。

拿筆的手如何能挑起千斤萬擔的碎石和水泥？畫畫的手又如何端出一盤盤誘人的蔬食料理？

20多年前蘇信和、吳梵慈夫婦在石碇這處山頭成立工作室，從整地、種植花草樹木到蓋房子、挖池塘，幾乎一手包辦，一邊從事藝術創作，一邊投入粗重勞動，連念中文系的兒子都拖下水，別看老闆娘吳梵慈清瘦文弱的模樣，砌磚牆速度不輸男人。偌大的工作室位在人煙罕至的北47縣道上，外人不曾知道這裡面經過了什麼樣汗水與淚水的洗禮。

盤子當畫布
現採蔬食慢工出鮮味

　　2008年男主人決意把工作室變成餐廳，茹素多年的全家人端出的是現做的蔬食料理。媽媽吳梵慈和兒子蘇唯中負責菜色研究，利用「設計」這項專長，把家常蔬食變成餐桌上一道道的秀色佳餚，吳梵慈謙虛地說：「菜若不好吃，起碼要好看嘛！」她把盤子當成畫布般創作，手法與口味都與一般的素食有很大的不同，在蒸、煮、掠拌中細細嚼出箇中鮮美，尤其每道菜無論食材或擺盤，都像吳梵慈雙手畫出的彩色山水般引人入勝；另一方面，利用在地尚青的食材，也是文山草堂的堅持之一，南瓜飯用附近農家阿伯自己種的

南瓜烹煮、人參醋是朋友釀造的、醃製小菜是自家獨門配方，而豆腐煲當然用石碇百年豆腐店的豆腐……。因此文山草堂從開幕以來，沒有任何一天業績掛零過。

　　自謙是餐飲新手，所以採用無菜單料理，因為力求新鮮現做，所以只接受預約的客人用餐，最多一次只能接受50個客人，在文山草堂用餐不能趕，1道1道地料理慢慢上，從沙拉到最後的甜湯，10道菜吃下來起碼要1個多小時，急也沒用，廚房做菜與作畫一樣，慢工才能出細活，催不得也。或許，吃飯配書法才是文山草堂最大的賣點。

主廚推薦美味招牌菜

◀燴時蔬
清甜爽脆的紅、黃椒，加上各式菇類一起燴炒，是店內少見的「快炒」菜單，用九層塔來提味，色香味俱全。

▶南瓜飯
金黃的南瓜飯用鄰近農家阿伯種的南瓜做的，顆顆金黃分明，淡淡的南瓜甜味在嘴裡散開，裝飾的蜜漬黑豆則是店家自製，好吃到非常涮嘴。

◀石碇豆腐煲
石碇百年豆腐店的豆腐口感紮實，帶著不同於深坑豆腐的焦香味，濃稠的湯汁不會太鹹卻照樣下飯，蔬果的清爽讓腸胃無負擔。

｛ 在地尚青食材，越南手捲製作5步驟 ｝

▲豐富食材
豆薯、香蕉、四季豆、紫高麗菜、杏仁角等食材，新鮮看得到。

▲舖上好料
豆薯剉成籤，香蕉切條狀，放在已沾水的越南春捲皮上，再放上菜料等食材。

▲杏仁添香
蔬果沙拉加上一點點杏仁角，不但更有口感，也能增添香氣。

▲小心捲起
越南春捲紙易乾又易破，所以舖食材的動作要快，捲食材的動作要輕。

▲蕉葉裝飾
白白的手捲不起眼，剪來芭蕉葉再包一層，質感更上層樓，更能挑起食慾。

逢春園

繽紛花園裡品味舒壓養生餐

逢春園

價位：每份400元（限住宿客人預定）
地址：宜蘭縣大同鄉松羅村玉蘭20號
電話：03-9801942

山林中

（左）庭園中常見的杜鵑花，剪的時候要小心不弄壞花朵，拿來做為盤飾時才會漂亮。（右上）座落於玉蘭村落旁的美麗山腰上，都鐸式建築外觀加上規劃完整井然有序的歐式庭園空間，極具氣質而不做作。（右下）大廳擺放各式各樣從世界各地蒐集而來的紀念品，發現主人熱情分享的旅行故事。

越過泰雅大橋，風景從水稻田轉換成起伏山巒。群山中，是宜蘭泰雅族聚集的部落所在，鄰近玉蘭茶村旁的山腰上，有間名為逢春園的美麗民宿。當春天來臨，民宿花園裡開滿一整排山野櫻，主人優雅拾起落下的粉紅花瓣，點綴在盛裝料理的墨黑磚盤上。

逢春園進入大門便看見迎面而來的綠茵草地，草地上聳立幾尊白色藝術雕作，二棟都鐸式雪白建築讓人看見逢春園的大方氣度。這裡是許多新人夢想在此完婚的婚禮天堂，也是旅人過客尋求心靈解放的渡假別墅，現在更是饕客不能錯過的美味食堂。

做為民宿門面的大花園，每天都有請專人幫忙整理，才能隨時呈現工整乾淨的庭園風貌，客人都喜歡在花園裡一邊散步，一邊安靜賞花。

漫步走到後院，發現這裡的樹木花草生長得更為奔放，但狂野中仍有秩序，這是房客較少會來的地方，卻是民宿主廚黑郎經常來此採集花材的秘密基地。「我們的料理少油少鹽，好吃又健康，不僅如此，還很好看呢！」黑郎每天都會從後院中採摘三到四種花草素材，當作當天晚上料理的盤飾之用，讓晚餐賣相大大加分。

每天早上九點多，就能看見黑郎一個大男人，手中拎著一只秀氣的藤花籃穿梭在後院花草間。每天固定的「採花操」算是黑郎的晨間運動，如此勤勞地爬上爬下忙著採花，但一想到是客人可以吃到有美麗花草相伴的晚餐，黑郎可是忙得不亦樂乎呢！

一大早就做完採花操的主廚黑郎，像是泡了一回芬芳的百花浴般，「食物好不好吃除了食材新不新鮮外，做菜人的心情也會影響到食物的口感，客人一吃就知道。」黑郎是個愛做菜也愛作詩和寫書法的人，他一來到逢春園，就深深為園區內豐富繽紛的花卉所吸引。

主廚沉浸百花浴
修煉好手藝

民宿主人許姐也是個熱愛自然的生活達人,她和黑郎為了晚餐菜色溝通過很多想法,兩個人意外很快有了共識,那就是「自家花園再利用」的環保概念。善用花園裡的各式花卉入菜,大部分當作盤飾,可以為料理賣相加分,而像是能夠幫助舒壓情緒的白杜鵑花,則放入湯品中,不僅可以增加香氣,也兼具養生功能。

修練先修心。每天沉浸於百花香浴中的主廚黑郎,早已練得一身好修為,在手執菜刀大切食材前,他得先拿起剪刀,小心翼翼剪下各種花朵。動作輕柔優雅如同週遭環境的靜謐氛圍,用如此斯文的態度製作料理,自然讓人非常期待!

能在環境優美的逢春園民宿裡享用養生料理,是件相當幸福的事,這裡的餐食特色為「五輕主義」,也就是輕油、輕糖、輕鹽、輕調味料和輕聲細語。前四項輕主義都在主廚處理食材時確實做到,只用一點調味襯托出食物美味。第五項輕主義精神則是由主客雙方共同創造出來的,民宿主人許姐將空間打造成安靜優雅的環境,客人一進來,腳步自然放輕,聲調自然放低,靜靜等待料理上桌,在這等待之餘,還聽得見山林中風吹過樹葉的聲音,和昆蟲鳥類偶然發出的鳴叫聲。

主廚推薦美味招牌菜

◀紅麴米糕
紅麴也是宜蘭在地名產,將提煉老紅酒後留下的紅麴加入米糕中蒸熟,顏色十分鮮豔,口感綿密紮實。

▶南瓜小排盅
大份量的南瓜小排盅是晚餐的主食之一,吃完幾道前菜,再來這份南瓜盅肯定可以飽到明天早上都沒問題。

◀香煎鱸魚
另一道主菜是香煎鱸魚,以特級橄欖油煎熟魚肉後,撒點義式香料增色提味,連同魚皮一起吃,酥中帶鮮!

〔 獨門養生料理南瓜小排盅製成步驟 〕

▲小排醃漬攪拌
小排肉切成丁狀,將四種醃料充分攪拌均勻後,再把小排肉放入醃料中混合拌勻,放置約15分鐘入味。

▲小排蒸熟
醃製好的小排肉用小碟盛裝,放入電鍋中預先蒸熟,因為小排肉本身就含有油脂,用蒸的料理方式較為健康。

◀切南瓜、去籽
選壯圍南瓜先切除頭部根蒂,再從中間對切,切開後湯匙來挖去裡頭的籽,再用水沖洗乾淨。

◀裝填小排入南瓜
將蒸熟後的小排肉從電鍋取出,再裝入切成對半的南瓜盅內,最後連同醬汁一起倒入盅裡。

▲將南瓜盅蒸熟
將裝滿小排肉的南瓜盅整組放入電鍋蒸熟,分二次來蒸是避免南瓜蒸得過熟而變爛,影響品嚐時的口感。

水來青舍

大宅院內充滿生命力的素菜料理

水來青舍

價位：每人500元
地址：桃園縣觀音鄉大同村12鄰下大崛55-5號
電話：03-4989240、03-2825517

田野間

（左）老房子敘述著過往的歷史。（右上）收藏的佛像歷史悠久，藝術價值高。（右下）擺飾與搭配充滿了禪意。

桃園觀音有一種渾然天成的寧靜氣息，優雅的蓮花池畔，隱身許多帶有豐富故事的景觀餐廳，為這片低調卻擁有獨特靈氣的小地方，注入源源不絕的在地生命力，像是將大陸徽派建築，搬來這裡重建的「水來青舍」景觀餐廳；就是以樸拙無華為本性的飲食空間。

穿過蓮花池，進入到隱密在綠意當中的水來青舍，門樓是山西省境內，清朝咸豐年間大戶人家的宅門。大廳以深色厚重的銀杏木大柱，撐起整座房子，有雕刻如弧月的主樑、蓮花淺草的雕飾、素雅寧靜的魚鱗灰瓦與皎潔明亮的粉牆，忠實地呈現這幢古老的中國大宅迷人風采。

曾經在麗水街經營中國古董傢具買賣的老闆，穿著藍色素雅棉質的布衣，坐在登掛椅上緩緩地轉身泡茶。神情放鬆自在的他，嘴角好像永遠都掛著一抹笑容。燒著西藏艾草，聽著女聲靈轉的歌喉，吟唱著動人的樂曲，老闆細數水來青舍所收藏的古物，有明朝的佛像、清中期的准提佛母、西藏櫃等。

水來青舍的建築本體，是黃山山腳下的老房子。這棟始建於清朝嘉慶年間的小花廳，過去曾經是古代的行政辦公室與私塾。在大陸拆解後，搬運來台重組，悠雅的徽派建築，讓人有一種走進電影《臥虎藏龍》劇中場景的錯覺。

原本就是觀音本地人的老闆，為了一圓返鄉當農夫的願望，而建立了這家餐廳。店裡賣的是精緻地素菜料理，只收預約的客人。雖然生意作得很低調，但菜卻燒得很紮實。

「當農夫很不錯啊！」老闆一邊切著今早剛摘的火龍果一邊說著。水來青舍周圍是蓮花池，不遠處還種著楊桃、葡萄、金針、冬瓜、竹筍等作物。這都是用在菜餚裡的食材，因為老闆希望讓客人吃到當地、當令，且充滿大地元氣的食物，以滋養身心能量。

當地當令的天然原味

這片土地也是老闆創造菜色的靈感來源，他說：「都市太多的調味料與太過豐富的味蕾經驗，反而使人食不知味；反倒是保有天然風味的素食，更能吃得出大地的鮮滋味。」因此經常不辭辛勞，穿上青蛙裝、下蓮花田採收蓮子分享給客人。

第一次吃到老闆親自採摘的新鮮蓮子，無不對於蓮子多汁芬芳清脆的味道，發出驚訝的讚嘆！原來蓮子真的可以一點都不苦，淡雅的香味，還能去除溽暑煩躁的火氣。

水來青舍的素菜料理，在食材準備上相當用心，創意巧思具足，讓素菜展現禪意底蘊的力道。

沙拉醬是自己發酵的yogurt，韓國泡菜是向韓國師父學來的私家菜，各種口味的醋是用自家種的水果釀的，散發著自然鮮甜的的青木瓜湯，是從清晨六點就開始熬煮的。

炸牛蒡絲鮮甜順口，是一道火侯掌握的相當完美的一道料理。韓式泡菜加上黑糯米、蓮子所炊煮的白飯，搭配韓式岩燒海苔一同食用，是這裡的招牌吃法。

每一口吃進去的飯，都能唇齒留香、生津滋潤。以地瓜葉、鳳官菜、高麗菜以及紅菜一起快炒的炒青菜，不只是吃出不同的口感與氣味，也是一道獨特的感官饗宴。

主廚推薦美味招牌菜

◀沙拉
每天新鮮發酵的yogurt，加上百香果與醃番茄的沙拉，番茄酸甜清爽的風味，將百香果的香氣揉成一股悠遠淡雅的滋味，是一道味覺層次相當豐富的開胃菜。

▶米豆腐
取自屏東內埔的米豆腐，以泡上8個小時的糯米，配上黑芝麻、抹茶、花生等食材作成。

◀炒時蔬
多種蔬菜菌類一起快炒的時蔬，風格獨特。

{ 自產自種當自在的農夫 }

▲蓮花池
盛開的蓮花池，素雅清麗。

▲火龍果
親手採收自己栽種的火龍果有種特殊的感動。

◀蓮蓬
當場採收的蓮蓬。

◀蓮子
撥開後的蓮子大豐收。

爾灣自然農園

開心吃有機認證的蔬食料理

爾灣自然農園
價位：披薩單點120元起
地址：宜蘭縣五結鄉福和二路50號
電話：03-9601666

田野間

標榜有機料理的庭園餐廳，很低調地藏身在路旁的稻田間。餐廳主人林家慶將過往在美國加州爾灣市的生活記憶，擷取最幸福的部份，融合在地自種的蔬菜，大方和許多人分享幽靜的農園生活。

主人林家慶家族原本從事木材業，因母親篤信佛教，有感於長期砍伐樹林對於土地的傷害甚大，於是決定結束木材本業。林家慶後因工作關係遠赴美國加州爾灣市，對於當地崇尚自然、簡約的生活態度，從習慣漸漸到喜歡，最後更將這種精神帶回故鄉宜蘭，用最環保的方式，胼手胝足打造出現在這座理想的樂活農園。

創業之初，林家慶和太太倆人親自下田種菜，栽種的有機蔬菜種類多達數十種，若扣除餐廳所需還有多餘的部份，也會平價賣給附近鄰居或老客人，形成一種迷你的有機小菜攤。

這裡的有機蔬菜不是自己說了算，林家慶每年花費約二萬元申請「慈心有機認證」，所有蔬菜都有合格的身份證。現在菜園已經委託專人照顧，林家慶則專心研發各種新的有機料理，有空的時候，他也樂於和客人分享有機生活的理念。

（左）每天開店前，林老闆都會先到自家有機菜園摘取當天所需的各式青菜。（右上）餐廳空間保留原始建築的屋頂，留下部分珍貴的柳安原木老料。（右下）自家種植的有機蔬菜，當然是完全不撒農藥，也因為如此，大部分的青菜多多少少都有被蟲蛀的痕跡。

自家栽種健康食材創意入菜

　　將自家栽種的有機蔬菜融入料理中，是爾灣農園最想和客人分享的部份，因為主人認為飲食是生活中最重要的一環。店內菜園裡有種意外生長的明眼萵苣，對保養眼睛很有助益，林家慶特別用於火鍋中，讓客人可以吃到以有機農法種出的健康食材。

　　每天從菜園現摘的有機蔬菜，只花五分鐘就能送進廚房做為料理食材，店內招牌餐是陶鍋煮火鍋，菜盤裡的蔬菜十分豐富，有自家栽種的明眼萵苣、A菜、美生菜和南瓜，搭配原味高湯、牛奶和泡菜三種鍋底，多種類的蔬菜盤儼然成為火鍋主角，在爾灣就是要多吃蔬菜才過癮。除了火鍋外，店裡也推出咖哩蛋包飯，份量頗多的飯蓋上煎得金黃的蛋皮，撒點農園裡自種的香料，再搭配南瓜、杏鮑菇、地瓜葉和沙拉，吃得美味又健康！

　　想吃點簡單的，不妨品嚐用大瓦斯烤爐烤出的手工披薩，烤爐用仿古磚窯覆蓋，披薩還沒出爐，麵粉香早已徐徐飄來。這裡的披薩餅皮較薄，有六種口味可以選擇，天氣好時，不妨坐到戶外區或直接拿到庭園水池旁，享受與大自然融合的用餐樂趣。

主廚推薦美味招牌菜

◀咖哩蛋包飯
蛋包飯裡的地瓜葉和南瓜也是自家種植的有機蔬菜，咖哩屬於日式風味，聞得到咖哩香氣，口感清爽不濃膩。

▶海鮮蕃茄義大利麵
番茄也是自家種植，加入大量鮮蝦和有機九層塔做成，口味和氣味都十分挑逗味蕾。

◀海鮮手工披薩
用進口烤箱現烤的手工披薩，加入了蝦仁、章魚和鮪魚等餡料的海鮮披薩，餅皮較薄，相當方便入口。

23

掌上明珠
禪風情懷的美食美學空間

田野間

掌上明珠

價格：採預約制，每人1500元以及3000元兩種價位，至少一天前預約。
地址：宜蘭縣壯圍鄉美城村大福路二段102號
電話：03-9308989

穿越雪山隧道長達20多分鐘的密閉通道，第一眼看到宜蘭平原寬闊的藍天與翠綠的稻田，身體自動地被眼前的開闊大地韻律所牽引，無比的開放感讓人放下台北喧嘩繁褟的麻木，自在學習舒展五官，感受最簡單的美麗。

隱身於宜蘭壯圍阡陌當中的掌上明珠，給人的第一印象是驚艷的。「收藏品等級漢朝形式的楸木所作成的桌子，給予空間渾厚紮實的質感、點綴福建精美的古董供器、清斗石雕刻、古老大戶人家的廊椅等等。」空間當中的每一件傢具、磚瓦、器皿都是主人精心投入金錢與心力蒐集的珍品。

老闆吳先生是事業成功衣錦還鄉的宜蘭人，妻子林妡娟是一位樂於分享的婦人。兩人抱著回饋故鄉的態度，奮力經營在地文化，而原本要供養修行師父而建的建築，也在因緣未具足之下，轉成收藏藝術美學的掌上明珠餐廳。

掌上明珠有著物品與物品之間的美感語彙，這份獨特的情感，同樣的演繹在店裡的懷石料理上。店家堅持採用當季新鮮食材為元素，在用心烹煮調理後，放入由當地陶藝家創作的餐盤上，讓作菜也能成為一種藝術創作。

（左）坐在中日混血風格的空間中眺望庭院的枯石。（右上）隱身於宜蘭壯圍阡陌當中的掌上明珠。（右下）老闆娘擺起茶席，細細解說茶、陶、石以及生活中枝節的體驗，交換著簡單的生活經驗，沒有隔閡感。

品嚐當令尚青食材的滋養

　　台灣在咀嚼、領受與消化之後，有了台式懷石料理的新風貌；掌上明珠卻是在禪意當中體悟當地大地能量，乞食於大地的自然美感韻律，體現出宜蘭當地的懷石料理風味。他們不以京都的懷石為準則，而是將當地的飲食美感與禪風修煉揉入，實踐與大地調和的懷石之美。

　　掌上明珠自詡為世界美食的窗戶，為了能夠靈活運用當令的新鮮食材，從北海道進口新鮮的干貝、法國春雞、澳州活鮑魚、德國米粉等地食材，配合東港新鮮的魚貨海鮮、豐濱鄉黃金蚵等食材，天天都有華美的季節懷石饗宴上演。

　　其實只是在平凡不過的對話內容，問候、寒暄、分享，但是因為茶席間「一期一會」的專注接納，因為老闆娘提醒「止住在當下」的領受姿態，在茶室與老闆娘品茗的時間有一種靜心的品質，讓人輕鬆地脫下外在所有的裝飾與職稱，專注在當下，做自己。

主廚推薦美味招牌菜

◀鹽燒
使用北海道的青甘下巴所作成的鹽燒，佐以金桔醋裝盤的稻穗，經過高溫油炸，吃起來猶如米果般的口感。

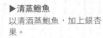

▶清蒸鮑魚
以清酒蒸鮑魚，加上銀杏果。

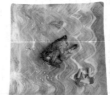

◀法式春雞燒物
以350克以下的春雞加上義大利香料，經過一整天醃製入味後才能入鍋燒製。

外婆橋
讓人懷念的媽媽味料理

田野間

外婆橋

價位：每人約200元
地址：桃園縣大溪鎮復興里5鄰百吉46號（台七線8公里處轉入）
電話：03-3874541、0922-428-116。

只是轉個彎進入小徑，眼前的巖山峻嶺瞬間變為恬靜的田園風光，山腳下一座磚紅色三合院佇立在那兒，前方有小溪蜿蜒而過，就如同「我家門前有小河，後面有山坡」的真實翻版。

花季已近尾聲的豔紫荊，據說只栽植十多年就有兩層樓高，為三合院後院提供了遮蔭。九十多高齡的外婆還住在這兒，餐館只設在曾是舊倉庫的三合院左側，前方也搭起棚架準備了四組矮桌座位。原本老房子採光不佳，店主豆豆利用整治前方溪流的黑暗期，順勢為邊間打出後窗和後門，也在隔間牆上加開大窗口，由此光線得以一間間穿透，為屋內增添溫潤氛圍。在三間房裡，一間擺了一張大長桌，另一間擺了三張老方桌，還有一間沿牆打造了長凳椅搭配回收的咖啡廳皮椅，簡單卻各有韻味。

外婆橋最早是由豆豆的母親掌廚，多年前一向健康的母親病倒後，豆豆捨不得這些讓人懷念的媽媽味料理，便毅然放棄在台北的平面設計工作，回來學習媽媽的手藝。同時，她有更多自己的堅持，不是當季食材就絕對不上桌，像是地瓜葉雖然四季都有，但最好吃的季節是夏季，便只會在夏季推出。

（左上）叉燒肉是將五花肉放在醬汁裡浸漬一天一夜，再裹粉下過油炸，這道菜為冬季專屬。（左下）十多年的豔紫荊為後院提供了綠蔭。（右）布置古樸雅致的室內空間。

堅持使用當令季節食材

攤開外婆橋的菜單一看，許多人會將之定義為客家料理。但豆豆一直強調，台灣是個很小的地方，閩南和客家之間的料理早已融合了，實在不必區分你我。菜色簡單卻經典，幾乎每一道菜都是必點招牌。

神仙雞湯的湯頭，是將三年以上的乾燥野生仙草用老灶熬煮四個鐘頭的仙草湯，加上鮮嫩雞肉，是美味清爽的涼補料理。豬腳燉紅麴大多選用後腿肉，先炸過再燉煮一個小時，強調豬皮的Q彈口感。叉燒肉是將五花肉放在醬汁裡浸漬一天一夜，再裹粉下過油炸，這道菜為冬季專屬，一旦天氣轉熱，就會改為口感清爽的水煮三層肉。來客必點的餐後甜點，則是焦糖地瓜湯圓，選用夠成熟的大地瓜，厚厚實實的一大塊，搭配用薑母黑糖漿及手工湯圓，更特別的是老薑片已用黑糖熬煮得完全沒有辛辣味，甚至還帶點甜味，真是特別。

一旁有座柑仔店用的老櫃子，架上擺了各種醬料，這些是豆豆應客人要求而特別擺的，因為大家都想在家裡重現這兒的美味。

主廚推薦美味招牌菜

◀神仙雞湯
湯頭是將三年以上的乾燥野生仙草用老灶熬煮四個鐘頭的仙草湯，加上鮮嫩雞肉，是美味清爽的涼補料理。

▶豬腳燉紅麴
大多選用後腿肉，先炸過再燉煮一個小時，強調豬皮的Q彈口感。

◀焦糖地瓜湯圓
選用夠成熟的大地瓜，厚厚實實的一大塊，搭配薑母黑糖漿及手工湯圓。

無竹居
依四季變化的客家懷石料理

田野間

無竹居
價位：懷石套餐一人900元起
地址：新竹縣北埔鄉水際村2鄰24之2號（台3線81公里處）
電話：03-5804488

雖然名為「無竹居」，卻處處看得到綠竹、竹椅、竹桌、竹筒盤…這是怎麼一回事呢？其實對女主人彭美容來說，這是整體氛圍的轉變。因為跳出了「竹」的圍限，可以盡情自由發揮，因此取名為「無竹居」。

多年前，彭小姐回到家鄉，因為喜歡美麗的事物，在竹雕藝術家朋友的慫恿下，在老三合院裡開起了以竹子為主題的客家餐廳。後來，彭小姐在日本見識到懷石料理的優美，愛上這種結合五感、茶道與花藝，充滿藝術文化氣息的料理，便決定融入客家元素，創作出獨一無二的客家懷石料理。

彭小姐說，懷石料理強調使用大自然一年四季最新鮮的食材，本質是很環保的。而這些年來，她不斷嘗試將客家食材與各國食材搭配在一起，推出讓人驚豔卻不突兀的創意料理。目前，無竹居共使用了百種食材來烹調多達十四道菜餚的懷石料理套餐。隨著季節變化，不僅菜色、餐盤會有所調整，運用當季花草的盤飾花藝也充滿時節氛圍。這些花草大部份都是從自家庭院摘取的，像是野薑花、麥門冬花、扶桑花、蓮蓬等等，常能看到女主人在院子裡尋找適合裝飾的花草。

（右上）布置古樸優雅，整體環境空間讓人感覺很自在。（左）架高的座位區鋪上榻榻米墊，備有高度剛好的矮長凳，以竹簾或古董矮櫃作為屏隔，矮櫃上頭的花藝及古董擺飾，將空間點綴得優雅而古樸。（右下）每一道料理的盤飾花藝都很美麗。

新鮮食材融入客家元素

循著石板道走進無竹居，用餐區分為左右兩側。右側回字形屋宅的布置及餐具仍以竹為主題，供應較為傳統的客家料理；左側的長形屋宅則是享用客家懷石料理之處。

走進長形屋宅裡，竟然是將竹簾鋪設在地，踩踏感意外的舒服，真是讓人佩服主人的巧思。架高的座位區鋪上榻榻米墊，備有高度剛好的矮長凳，以竹簾或古董矮櫃作為屏隔，矮櫃上頭的花藝及古董擺飾，將空間點綴得優雅而古樸，搭配窗外的園景，讓人能輕鬆自在地享用美食。

無論在什麼季節，料理都以當地盛產的東方美人茶開啟序幕，喝法則依四季變化，夏季冰鎮上桌，秋季做成茶湯，冬季則用天幕碗捧著喝；結尾則一定是客家擂茶凍。最經典的絕配是客家金桔大腸，金桔的天然果香讓這道菜百吃不厭，再搭配炸餛飩皮一起享用，口感更具變化。用鹹豬肉搭配辣味客家菜脯握壽司，則是道地口味的新鮮吃法。此外，客家麻糬也有鹹甜風味的變化，或裹上魚卵或包入墨西哥起士，都讓人十分驚豔。

主廚推薦美味招牌菜

◀客家麻糬
客家麻糬也有鹹甜風味的變化，或裹上魚卵或包入墨西哥起士，都讓人十分驚豔。

▶客式前三菜
有油雞、花生豆腐和鹹甜麻糬。

◀鹹豬肉搭配辣味客家菜脯握壽司
用鹹豬肉搭配辣味客家菜脯握壽司，則是道地口味的新鮮吃法。

石風渡假城堡

五星級和洋創意料理

田野間

石風渡假城堡

價位：下午茶套餐250元起
地址：苗栗縣大湖鄉富興村6鄰水尾5-10號（台3線127.2公里處）
電話：03-7993366

來客得先轉入旁邊的叉路才能開入第一道門，循著指標走過第二道門，繞過石造小山，才得以親見它的真面目，趕緊大啖石風城堡的和洋創作料理，讓美味的慰藉食物填滿身心靈的能量。

隔著圍牆，就看見這幢三層樓高的和風木造建築，入口卻不易尋見。松樹和景觀石錯落擺設在一方水池裡，還有幾棵樹穿過簷廊昂然而立；鄰著水畔，幾組朱紅色和室桌椅擺放在戶外廊道區，散發出沉穩悠靜的日式氛圍。脫了鞋，穿過廊道，再推開方格門，這才看見鋪設榻榻米的用餐區。屋裡同樣使用朱紅色和室椅和木桌，各個角落裡擺放的三義木雕作品、壁櫃上的玫瑰石藝品，還有牆上的中國書畫，全都是范老闆的收藏。

范老闆是大湖當地人，家族經營草莓批發和食品加工業，而他則獨鍾渡假溫泉事業，多年來陸續成立了石湯溫泉、石壁溫泉渡假山莊和石風渡假城堡，全都鄰近大湖酒莊。「石」家族從庭園造景、建築體到客房設計，全都是由范老闆主導。庭園大量使用鵝卵石、石板和景觀巨石來造景，客房則以原木搭配榻榻米，展現樸質優雅的日式風情，是范老闆最喜歡的悠閒度假風情。

（左）精緻的前菜隨時依時令食材變化。（右上）和風的沉靜加上中式的喜氣大紅色，營造十分舒適的空間。（右下）悠靜簷廊的前方是造景雅致的水池。

天然食材的無菜單美食

范老闆更特別聘請前福華飯店主廚葉師傅，來為石風渡假城堡設計及親手料理菜餚，主推10道菜的石風和洋料理、8道菜的石風美食料理、5道菜的創意下午茶組。套餐皆包含沙拉、前菜、湯、前餐、主餐、草莓紅酒醋、甜點及飲品。葉師傅有許多老師傅的堅持，像是一定要使用天然食材、不放味精、不用肉質不良的漁貨，打製青醬時只使用蘿勒葉片，不用梗等等，由於菜色會依當令食材及優劣狀況調整，因此沒有固定菜單。

較常出現在菜單裡的南瓜濃湯，使用當地人種的、氣味較香的南瓜，並用純馬鈴薯煮出自然濃稠口感。松露海鮮陶鍋則以三至五種菇調製的百菇醬及一小匙黑松露醬為湯底，並搭配由甜酒釀豆腐乳、紅酒、蘋果泥和味噌調製的蘸醬，風味相當獨特。此外，主餐多採用先煎再蒸烤的方式烹煮，能夠封鎖肉汁，呈現鮮美多汁的軟嫩口感。

在用餐之外，石風渡假城堡裡還有五間10坪大的湯屋，三間45至75坪的渡假Villa，很適合小團體包棟獨享溫馨假期。

主廚推薦美味招牌菜

◀燒烤鮑魚
精緻前菜，燒烤鮑魚，肉質鮮嫩肥美。

▶松露海鮮陶鍋
以三至五種菇調製的百菇醬及一小匙黑松露醬為湯底，搭配蘸醬，風味相當獨特。

◀主餐
以培根包捲比目魚肉，先煎再蒸烤，搭配香甜的橙汁。

阿嬌的店

北投溫泉巷弄大啖國宴級台菜美味

阿嬌的店

價位：每人1000元起
地址：台北市北投區光明路220號4樓304室
電話：02-28923613

巷弄內

（左上）阿嬌的店老闆收藏滿牆的黑膠唱片，張張都是寶貝，陪他度過人生喜怒哀樂。（左下）林老闆對菜色事事要求完美，總要喬到最好才能端到客人面前。（右下）昏黃的燈光、黑白復古照片，既有西式餐桌椅，也有青花瓷的擺飾，混搭的裝潢別有一番情調。

大隱隱於市，沒有華麗的裝潢、醒目的招牌，藏身在林立的民宅某一角落，就在北投這個百年歷史溫泉鄉的巷弄中，竟然飄散出國宴般的台菜美味！多少老饕拿著地圖徘徊在迷宮似的溫泉路上尋覓，不得其門而入，在百轉千折中，驀然回首，它就燈火闌珊處。

說阿嬌的店主打的是台菜，看不到快炒；說阿嬌的店賣西餐，老闆端出的卻是白菜滷、竹筍沙拉，客人上門，還先招待1大杯自製的養肝青草茶。占地約30坪的餐廳，上上下下只有老闆1個人校長兼撞鐘地扮大廚煮菜、扮小二上菜、扮掌櫃結帳；5~6張桌子卻只有不到2坪大的廚房可以料理各式菜餚，哪怕只有1桌客人也都必須事先預訂才入得了門的阿嬌的店，魅力就在老闆林裕鈜1個人的手藝上。

做過出版、當過業務、開過保齡球館的林老闆幾乎和餐飲沾不上邊，問到開餐廳的緣由，總以一句「逼不得已」開場，阿嬌的店開張10多年，從負債纍纍、離婚到金融風暴，簡直是一部滄桑史。這期間林老闆沒有放棄「做好菜」

這個信念，即使堅持到只剩他1個人，阿嬌的店廚房爐火從沒熄過。隆、很早就到北投發展的林老闆，在這個溫泉鄉裡受到了道地台菜的薰陶，不曾拜過師，當初生意失敗被迫擺路邊攤，他為了滷出一鍋好肉，把50幾種醬油全試過，試出獨門滷汁，就此鹹魚翻生。

深受北投文化洗禮的林老闆對台菜有莫名的熱情，選對食材是他堅持的第一步，地緣的關係，他從陽明山以及北投、基隆挑選新鮮甚至有機的食材。白菜滷一定要用山東白菜，口感才對；南瓜豆腐的南瓜要放到南瓜完全熟透，至少比別人多等上1個月也沒關係；陽明山的有機綠竹筍成本高又比較晚上市，他一點兒也不介意；海鮮則指定基隆的現撈仔，品質絕對不打折。

北投文化洗禮
學會與食物對話

「食物會告訴我它熟了沒有。」林老闆認真地說，現代社會會做菜的人太多了，但是肯花時間認真為客人做菜的廚師卻太少了！

為了記憶中的美味，他的白菜滷從備料到完成，需要整整3天的時間，有哪個廚師會為了小小的白菜滷這麼「搞工」？但，客人一吃就知道不一樣，而且全台僅此一家，別無分號。

為了做出好菜，他在廚房從白天站到半夜11、12點，還連站好幾天，無怨無悔，「如果是領薪水的，有誰願意這麼辛苦？沒有熱忱是做不到的。」無師自通的他一頭栽入廚藝世界後就難以自拔，每每聽到客人說什麼地方的菜有名，他一有空閒就跑去試吃，就算是再偏僻的小鎮都曾留下足跡。

把自己關在北投民宅的小廚房裡，像做研究般地試做各種新菜色，無菜單料理會依照客人的需求加加減減，他笑稱自己是推廣樂活慢食的第一人，因為只有1人服務，所以要等全桌的客人吃完一道菜後才會再上下一道菜，讓客人慢慢地品嚐他用平凡的食材做出的不平凡料理，在細細咀嚼之間，才吃得出這歷盡滄桑的人生百味。

主廚推薦美味招牌菜

◀南瓜豆腐
用完全熟成的南瓜做成的南瓜豆腐，像布丁一樣好吃，配上鮮嫩的蘆筍及玉米筍，顏色相當討喜。

▶涼拌竹筍
來自陽明山的有機綠竹筍，筍塊表層塗上海膽與味噌融合的調醬，吃不到竹筍的纖維，只有滿嘴的甜，特意留下筍殼帶著嫩筍尖擺盤，非常雅致。

◀碧玉瓠瓜
店裡的招牌菜，用整顆白瓠瓜在豬骨高湯裡煮幾個小時，再放進蒸籠蒸至少1小時，顏色極美，入口即化，很受客人歡迎。

真材實料好味道，白菜滷製作5步驟

◀簡單食材
山東白菜、屏東東港的櫻花蝦、放山土雞蛋，食材簡單到不行。

◀秘密高湯
林老闆白菜滷備受好評的秘密武器就在於加了高湯，一是用老母雞熬了3天3夜的高湯，二是加了干貝泡的香菇水，滋味簡直是佛跳牆級。

◀製作蛋酥
這是古早味白菜滷才有的蛋酥，先把土雞蛋打散放到油鍋裡炸，要不停地翻攪以避免燒焦，等到顏色呈現均勻的焦黃色後撈起，此時廚房早已經香味四溢。

▲裝甕再蒸
加了蛋酥、櫻花蝦、高湯、香菇的白菜滷已是香氣十足，林老闆仍堅持再蒸個至少1~2小時，把白菜滷到入口即化，才能上桌。

◀櫻蝦提味
與一般白菜滷用金鉤蝦不同，林老闆選用的是屏東東港的櫻花蝦，可以把整鍋白菜滷的鮮味大大提升。

菊地英隆

私宅裡的懷石風京都味

巷弄內

菊地英隆

價格：套餐1200元、1500元、2500元(限6位以上預約)
地址：新北市三芝區芝柏山莊觀海街4號
電話：02-26369750

在地中海風格的私宅中品嚐京都味的懷石料理，美麗的盤中風景令人驚豔，夾起食物，細細品味它所傳遞給味蕾的感動。是在菊地英隆用餐，一場美、靜、潔的心靈淨化，一場花藝、禪味、京都流的氣質饗宴。

輾轉搬了3次家終於在芝柏社區落腳，退休的男主人菊地先生，自此開始創意主廚的人生第二春之路。喜歡花藝的劉嵐英，結合花藝與料理的巧思，最後終於讓花兒也入了菜，成為盤中的一景，演繹出一道道用當季食材與新鮮採摘的植物花葉，相互激盪成的美感料理。這美麗的盤中風景，有著男主人認真調理的京都味道、女主人用鋪成的意境之美，每一道都是視覺的饗宴、味覺的深度之旅。

在菊地英隆用餐，「急」是最要不得的態度。從推開小門、走進小巧的日式庭院那一刻起，你就要有與世隔絕一個下午的打算。用心的料理，需要時間來品嚐，好讓味蕾用它最舒緩的步調，不疾不徐地記憶那入口的感動。至於採預約制的好處，則是只須備齊預約前來的人數，不浪費食材；擁有充分的時間準備食材，保持食材新鮮美味；更有悠閒的餘裕美化空間與美食。

（左）以花藝裝點空間。（右上）以生活陶盛裝上桌。
（右下）以現採的荷葉搭配菜餚。

邊吃邊賞的盤中風景

　　美的東西總是令人雀躍，面前已有美食，加上由唐國樑老師量
身訂做的餐具，將食物與陶藝結合，成為餐桌上一道道的藝術。
唐國樑老師的器皿釉色多變、造形多元的陶器，充分玩出創作的
深度和廣度，不管是細緻優雅的工筆繪畫、柴燒、瓦斯窯都很擅
長，映襯著女主人的創意花藝以及夫妻合作的料理，完美地結合
花藝、陶藝及懷石。

　　在餐桌前坐下，不用急著點菜，只需要捧起迎客的質樸陶杯，
輕啜一口正冒著煙的玄米茶，等待男女主人送上早已預約好、當
日才有的菜色就可以了。在此同時，小小的廚房裡，夫妻倆並肩
做菜，男主人做好料理、掌控調味，女主人負責擺盤裝飾——先
是選用合適的器皿裝盛、再來挑選適合的花材裝飾，無聲卻流暢
的互動，彷彿這場緩慢午宴的另一個舞台。

　　緩慢，讓人擁有新的視野。在菊地英隆，讓人學會慢下速度
來品味食物，如此一來，才有細細欣賞裝盤的器皿、禪意的擺盤
等悠閒餘裕。

主廚推薦美味招牌菜

◀清蒸山藥泥
取用日本山藥磨泥，加上蛋
白、麻糬、香菇、干貝、蟹
肉清蒸，入口軟郁滑膩，繚
繞在舌尖，成就絕妙的味蕾
體驗。

▶豆皮烏龍麵
烏龍麵包在金黃色的豆皮
中，沾上特製的味噌醬，
Q彈滑潤地在口中跳躍
著。

◀香酥烤羊排
一道挾著香氣上桌的人氣
烤羊排，盤面層次豐富的
漸層藍彩，呼應著水藍色
繡球花，將香酥可口的羊
排裝點夏日氣息。

璞真山居

100%手作的慢食饗宴

━━━━━━━━━━━━━━ 巷弄內

璞真山居

價格：每人1000元，加一成服務費。預約制，最晚一天前預約。
地址：新北市三峽區有木里有木路2-2號
電話：：02-26720248

璞真山居上演的是一個「感官甦醒」的演繹，完全依照本性打造。或許是因為樸真踏實的發心，給了他們篤實做自己的力量；清幽的環境，讓人放鬆自在，使得這裡的空間與料理都充滿了一種不被他人影響的篤定。

璞真山居有著開闊的空間，再以簡單的簾幕分出隔間，厚重的地板顏色與漆黑的天花板，讓人有種進入表演劇場的感覺，老闆過去從事室內設計工作，之後因為喜歡山林生活，而到三峽開起鱒魚養殖場。一次山洪爆發，沖走了山中經營的養殖場，為了生計不得不重回城市過活，卻發現自己再也無法適應喧囂的城市生活。於是他們再度回到三峽，來到有木里，買下位在溪旁風景絕佳的土雞城，夫妻倆一步一腳印地改造成現在的璞真山居。

這裡以日式創意料理為號召，以新鮮的食材與繁複的手工，作出京都風的細膩滋味與美感。

精通茶道的老闆，熱情地擺起茶席接待客人，他一邊細心地解說茶具陶藝家的故事，一邊告訴賓客各種茶不同的個性。茶席四周擺掛著字畫、花藝等美學珍藏；位於中央的表演區，則放著義大利絃樂器——曼陀鈴。

（左）經過煎煮過後再以味醂、酒、醬油、柚子粉醃製，稍微煎過的表面，封鎖了魚肉的油脂，清酒與味醂的香氣，增加了生魚片的風味。（右上）寧靜的空間，給人一種靜心的品質。（右下）泡上一壺茶，寧靜消磨一下午。

吃得出用心的家藏料理

　　璞真山居的料理像是一個充滿愛心的母親，珍惜愛物地運用身邊常見的食材，細心地在每個步驟、每個環節，注入更多的心力與創意。誠意專注所至，最簡單的食材，也能夠呈現出令人驚艷，並不輸高級料理的美味。

　　在台灣張羅日本食材，本來就具有困難度，為了克服種種的困難，老闆娘開始在庭院種植日本紫蘇葉，透過努力的尋找，連非常難買的金山寺味噌也到手。努力湊齊各種所需要的素材之後，便投入對待食材的誠意與愛心，就像一個母親面對小孩，不斷的去開發蘊藏的潛能，激發出孩子最大的本性。

　　衡量食材的取得，以及繁複手工料理所需要的準備時間，璞真山居採取預約制，保持每一道料理需要細火慢熬的時間，絕不因為需要大量生產，而草率的上菜，就像是手工雕琢的藝術品一樣，以緩慢的時間，傾注心力耐心完成，因為這樣才能看得出最佳的美好姿態。

主廚推薦美味招牌菜

◀番茄肉片沙拉
使用日本金山寺味噌，搭配干貝與馬鈴薯等食材製作而成，吃的時候再配上自家種植的青紫蘇，清香優雅的氣味瞬間縈繞在口中，令人難忘。

▶炸蝦
以梅肉醬裹入蝦肉內油炸，紫蘇與梅醬帶出蝦肉的清甜，清爽又不失食材原味，飲食層次之豐，令人著迷。口感綿密，加點菜脯更好吃。

◀涼拌牛蒡
看起來平凡無奇，但卻是一道稱的上高級料理的菜色。切成薄片的牛蒡以高湯熬煮過後，放入鍋內與小魚乾一起爆香，最後再拌上沙拉，收汁成味。

大漁部屋
巷弄裡發現超好吃居酒屋

巷弄內

大漁部屋
價位：每人600元
備註：晚餐限定住宿客人預定，當日若無適當漁貨，下午五點前通知取消訂餐。
地址：宜蘭縣礁溪鄉奇峰街19號
電話：03-9881717

來到礁溪市區再往巷子裡頭鑽，才能發現這間傳說中的美味食堂。門面像是日本常見的迷你居酒屋，推開門，只見三組餐桌椅、一座長型料理台和笑臉迎人的年輕老闆娘，老闆剛從漁港買完魚，正在回家的路上。

讓人一見就感受得到濃厚日本味的大漁部屋，是間提供一泊二食的溫馨民宿。豐盛的海鮮料理只有住宿客人才有福氣品嚐得到，為的是要讓客人享受一晚大漁（大豐收）般的幸福住宿。

每天下午二點，大溪漁港開始熱鬧起來，漁船陸續回港，魚販佔據碼頭邊所有道路，背著小冰桶的老闆游文志巧妙穿梭其間，忙著挑選晚餐要用的新鮮海鮮，買齊了就馬上開車回家，準備處理這些剛到手的尚青戰利品。

進了廚房，游老闆手法俐落處理各式海鮮，老闆娘安靜地在旁邊一起幫忙，兩夫妻合心協力為客人打理豐盛的海鮮。時間來到晚上七點，一道道用料十足、盤飾大方的海鮮大餐，開始從吧台後方陸續端上桌。今天晚餐會用到的有俗稱「花臉」的鰹魚、野生海鰻魚、螃蟹、玫瑰蝦、甜蝦、劍蝦、蘆蝦、透抽和章魚，每種海產的處理方式都不同。

（左）用綠竹林和木條裝點房子外觀的大漁部屋，很有日式居酒屋的味道。（右上）每天下午二點老闆準時出現在大溪漁港碼頭，挑選最適合當作晚餐食材的新鮮海產。（右下）小冰桶是老闆逛漁港的唯一裝備，用心挑選的新鮮海產一一裝入冰桶裡。

用心烹調溫馨居家海味料理

　　鰹魚簡單洗過後用刀切成長條段，魚肉披覆一塊棉布，淋上滾燙熱水讓魚皮略熟，再用瓦斯噴槍火烤幾秒鐘，完整鎖住魚肉裡的鮮甜滋味後，就先放入冰箱裡冷藏。而野生海鰻魚要選體型較小的，處理時要先用鹽水幫海鰻洗澡，減低魚皮表面滑度，由於海鰻肉刺多，游老闆便將海鰻肉用刀縱向細剁，切斷所有魚刺，但仍保留魚皮，這樣客人就可以將斷刺後的海鰻肉，輕鬆放入火鍋湯頭裡熱煮食用。

　　火鍋海鮮盤裡還有章魚和透抽，清洗章魚時要用力搓揉，才能去除表皮的黏液。處理透抽時，游老闆特地保留透抽的肝臟，只要透抽夠新鮮，這看似小小的透抽肝可是可以直接生吃呢！

　　耗費將近四小時的海鮮料理終於大功告成，菜色有小菜、生魚片、火鍋、烤物和甜點。小菜有蒜拌鴨賞和醋拌海菜，生魚片有花臉和四種新蝦，烤物則有花臉和螃蟹，火鍋分為綜合海鮮拼盤和野菇蔬菜盤，搭配自製的金棗雪花冰，光看肚子就先飽了六成，搭配老闆招待的清酒慢慢品嚐，享受豐盛的居家美味時光。

主廚推薦美味招牌菜

◀四味生鮮蝦
老闆特別提供四種美味生鮮蝦，有玫瑰蝦、甜蝦、劍蝦和蘆蝦，都是當天最新鮮的極品好味！

▶花臉鰹魚生魚片
一般人很少會吃花臉生魚片，這是只有當地內行漁夫才懂得品嚐的私房美味，來到大漁部屋也能吃得到！

◀蒜拌鴨賞
鴨賞是宜蘭在地小吃，老闆特別當做前菜之一，在等待豐盛海鮮大餐上菜之前先來點鴨賞，可以開胃解饞！

九穀日式料理

日式官舍裡品嚐道地精緻和食

巷弄內

九穀日式料理

價位：養生懷石套餐每份1000元，另加收10%服務費。
地址：宜蘭縣舊城南路縣府一巷8號
電話：03-9358855

從宜蘭車站出來一路向前，途經許多老倉庫和舊宿舍，來到清幽的九芎埕藝術廣場，廣場旁，座落一棟古樸老屋，推開門，立刻感受到一股濃郁和風味。

藏身在舊縣府主秘公館裡的九穀日式料理，在當地極具名氣，最早發跡於羅東熱鬧的公正路上，後來羅東店負責人的胞弟何政憲也跟隨哥哥腳步，前往日本東京研習料理手藝，學成歸國後，便租下這間老味建築，將精緻的日本料理帶進這座歷史悠久的九芎埕老屋。

「當初尋找店門時，就對宜蘭市獨特的文教氣息很著迷，後來知道這間老官舍公告招租，毫不考慮立刻租下來。」店長何政憲表示，在大結構不變的前提下，室內空間採用很多「木條格」的設計元素，例如一進門的玄關背版，就是直橫交錯的窗櫺造型。另外每張座位間的區隔，設計師做了一個大型長方木框從天花板垂吊下來，呈現出具有穿透效果的輕隔間設計。店內的擺飾不多，但店長精選幾樣東洋風強烈的小飾品，就能讓人感受到濃濃的日本風情。

（左）鐵製茶壺是用日本知名南部鐵所作，搭配翠綠的鐵線菊做襯底，禪意十足。（右上）空間中擺置許多禪味小物，這隻紙摺青蛙搭配綠葉和原木，營造出一種庭園小景。（右下）製作串揚時，先把材料包括牛肉、蔥和辣味泡菜平鋪在海苔片上，最後再用巧勁慢慢捲起，力道要穩才能捲得紮實。

日式訓練磨出雋永懷石美味

　　九穀外場服務人員動作熟練優雅，廚房內的師傅也是不急不徐，紮實做好每一個步驟，只為呈現最完美的料理。「在日本光是煎個壽司蛋，可能就要磨上三年才能換做下個工作，不可能一夜出師。」因為接受過日本嚴格的訓練，何政憲如今才能精準掌握所有料理的製作程序，為了要讓客人嚐到最道地的懷石料理，他除了嚴格監督餐點品質外，仍隨時利用空檔時間自我修練，到處尋找口碑不錯的日本料理店，嚐嚐別人的手藝和創意，只希望能繼續做出讓客人感動的好料理。

　　九穀日式料理提供許多美味的單點料理，也有精緻豐富的懷石套餐，每一道都吃得到師傅們的用心和細心。例如前菜星鰻南蠻漬，光是製作星鰻就要分為三道手續，除此之外，翻開星鰻下方發現有塊豆腐。豆腐是用玉米醬和豆水加熱混拌而成，混拌同時還要用攪拌棒連續拍打鍋中醬汁，這樣才能做成口感綿密的玉米豆腐。另一道山芋千切更是費工，顧名思義，將山芋片切成超薄的細絲，彷彿用了千刀之譜，足見師傅習藝多年的老練手藝。

主廚推薦美味招牌菜

◀鮋魚雙味醬燒
鮋魚特別做成二種吃法，一個是嚐得到深層海味的海膽醬燒，一個則是口感滑嫩的山藥明太子醬燒。

▶鮑魚百合蒸
鮑魚先用日本柚子皮和柴魚高湯一起熬煮，再和百合根泥混捏成球狀，吃起來口感綿密豐富，不愧是店裡的招牌小點。

◀星鰻南蠻漬
做為前菜的星鰻漬，吃起來層次十分豐富，既嚐得到表皮微酥口感，又能吃到星鰻的軟嫩肉質，非常美味。

麟LINKの手創料理

傳承50年好手藝的新宜蘭菜

麟LINKの手創料理
價位：最低消費每人1200元，另加收10%服務費。
地址：宜蘭縣宜蘭市泰山路58-2號
電話：03-9368658

巷弄內

漫步在宜蘭新月商區，車水馬龍的泰山路和靜謐小徑民權路之間，聳立一棟用許多純白瓷磚包覆的神祕三層建築，入口大門並不大，門後還透露出微微燈光。當天色漸轉成黑，一塊塊名為「麟」的招牌同時亮起。

麟LINKの手創料理是由宜蘭知名餐廳渡小月新創設立，不同於傳統辦桌形式，主張用更精緻手法呈現出台灣菜的新面貌。來這裡不僅可以「品嚐」美味，還能「盡賞」和「聆聽」關於麟料理的所有故事。空間分為三層，一樓為迎賓區，二、三樓為用餐區，每層通往樓上的階梯間都看得到一面說明料理精神的故事牆，猶如一鍋獨家特製醬料，巧妙滲入每位貴賓的情緒中，完全入味。

承襲渡小月超過五十年的好手藝，主廚邱清澤不僅忠實呈現食材的新鮮本味，更發揮習藝十多年的好手法，將各種食材巧妙搭配，猶如廚房裡的造型師，只為呈現出讓人驚豔的誘惑料理。

八道華麗料理，道道都有一招神秘手法為其擦脂抹粉，上了妝的菜既好吃更好看。上菜之前，服務人員先優雅地為客人倒上一杯人蔘茶，開始醞釀在麟裡發生的美味人生。

（左）精緻用餐氛圍，展現與食物一致的高雅人文訴求。（右上）香魚、芋頭、紅麴、宜蘭老紅酒，所用食材均取自宜蘭在地。（右下）「春分」套餐裡的菜色，從湯品到主菜紅麴豬小排，每一樣食材皆取自在地，結合廚師的創意，留下獨特口感與視覺印象。

品嚐人生幸福八味

　　前菜名為因果，酸甜苦辣四味兼具，主廚巧手將鴨賞塞入慈菇中，口感紮實有勁。送上湯品同時，服務人員在碗旁淋上一杯生老紅酒，頓時酒香四溢。使用巧勁捲起的五柳魚捲，內餡緊實包覆於鯖魚肉片中，輕輕一捲，卻是練習多時才有的好功夫。

　　主食鮑魚上桌，表面色澤呈現誘人金黃，這是主廚用中火細煎的成果，恰到好處。再一道主食芋頭鴨方接續而上，俐落刀法將鴨肉片下，均勻厚度口感最佳，又是一招修練多年好手法。最後是二道小點上桌，熬煮粥糜費工耗時，加入製作五柳魚捲所剩的鯖魚邊條，善用食材乃為惜福之本。製作甜點杏仁豆腐時，必須連續攪拌杏仁漿和豆水半小時不停，才能做出口感綿密有彈性的好吃豆腐。取諧音名為幸福，名光看名字就讓人感動在心，在麟品嚐美味人生是幸福，能以這道杏仁豆腐謝幕更是奢華的幸福。

　　承襲超過半世紀的餐飲世家，掌握食物味道已是信手拈來，為了能夠超越美味之上的另一種味道，費盡心思創作出名為人生、因果、煉、禪、昇華、時尚、滿足和幸福的八道料理。

主廚推薦美味招牌菜

◀昇華

用輕油雙面香煎的鮑魚，搭配芥茉籽醬和栗子裝盤，鮑魚口感極富彈性，滋味十分紮實且肉質鮮甜。

▶時尚

選用櫻桃鴨種的鴨方平時以油封存，要用時取出切成薄片後，先煎後淋醬汁，搭配數塊芋頭一起食用，美味滿分！

◀幸福

幸福取杏仁豆腐的諧音，這道甜點製作極為費工，猶如豆花口感的超彈性豆腐，果然不愧是這家店的招牌美食。

45

青山食藝
在水岸上品嚐美食佳餚

青山食藝　　　　　　　　　**巷弄內**
價位：每人599元，另加10%服務費
地址：宜蘭縣宜蘭市宜中路21號
電話：03-9331900

青山食藝設計融入時尚中國風元素，空間內隨處可見陶作、古燈和服務員的親切笑容，先暖了貴賓飢腸轆轆的空腹。待十道神秘佳餚上桌，五感齊開，猶如置身主人的祝福中，參與一場溫馨的美食藝文派對。

　　一家餐廳要能擄獲人心，關鍵在於層次豐富的貼心服務。以中國風為裝潢主元素的青山食藝，從空間設計、用餐服務到上桌料理，層層都有讓人留下感動的好印象。

　　三片如羽毛般的大型白色外牆，輕飄飄地領著來訪貴賓的腳步迎入餐廳。掛滿笑臉陶作的大牆，笑臉迎人。餐廳每個角落都饒富趣味，窗邊可看庭園流水和宜蘭小街風景，陽光與美食相佐，像是加了純天然的醍醐味。穿過走廊，牆面上輪替投影著文人的詩詞雅句，坐在餐廳品嚐創意佳餚，閱讀幾句詩詞嘉言，耳中卻傳來曲風迷幻的微電子音樂，傳統與時尚巧妙交拌。

　　在青山食藝用餐的趣味，不只在於品嚐主廚的好手藝，還能獲得主人偷偷藏在空間裡的溫馨祝福。這些祝福能為桌上美食提鮮加味，每人十道創意料理已經足以飽食整日，主人還特別獻上幾個真誠小祝福，希望能讓每位貴賓享受錦上添花的美食饗宴。

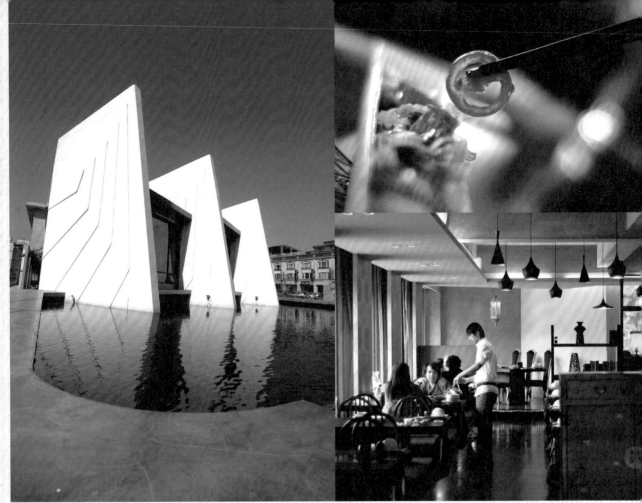

（左）三片如羽毛般的大型白色外牆，輕飄飄地領著來訪貴賓的腳步迎入餐廳。（右上）菜色不只好吃也要講究美麗的擺盤。（右下）服務人員面帶微笑，所有細節青山都不馬虎。

十全十美的趣味饗宴

　　餐廳採取無菜單方式，隨著當季的食材變化菜餚，這裡的套餐有：沙拉、刺身、小品、冰鑽、主食（肉類）、主食（海鮮）、飽食、火鍋、飲料和甜品。數一數，剛好十道，所謂十全十美，這次換作是主廚想要獻給客人的貼心祝福。

　　開胃菜沙拉每十天就會更換一次內容，有時是長型細盤生菜沙拉，有時則是造型如金雞獨立的礁溪溫泉蕃茄沙拉。刺身則是來自主廚親自到南方澳漁港挑選的新鮮魚貨，今天吃到的有鮪魚、鮭魚、旗魚和花枝，魚肉軟嫩，入口即化，好像就站在港口邊，品嚐漁夫親手切下的肥美生魚肉片。

　　重頭戲主食有炸春雞和明蝦起司燒，海陸美味兼具。藏在竹籃裡的春雞有鮮黃色的文心蘭相伴，彷彿吃得到春天幸福的滋味；融入起司一起燒烤的大明蝦，香氣濃郁，是純正極鮮的海味料理。餐後甜點再來份烤麻糬芝麻糊和一杯新鮮果汁，十道創意料理一口氣下肚，像是欣賞一齣沒有冷場的精采表演，讓人留下深刻的美食記憶。

主廚推薦美味招牌菜

◀蟹棒山藥泥
藏在新鮮美味的蟹棒條下，是口感滑順的山藥泥，搭配淡鹹滋味的醬汁一起入口，好滋味在嘴裡散開。

▶起司焗烤明蝦
海鮮主食是起司焗烤明蝦，搭配芋泥薯片。吃起來味道相當濃郁，飽足感滿分，嚐得到主廚的大誠意。

◀蔬菜海鮮火鍋
裝滿各式蔬菜搭配海鮮的火鍋讓人大飽口福，店家特調湯頭口味濃郁，帶點些微豆香，嚐起來口感溫潤美味。

47

小酒館
Sommelier

歷久彌新的味覺樂園

小酒館Sommelier

巷弄內

價位：午餐240元起，晚餐低消400元
地址：台北市明水路553號
電話：02-2532-4707

「小酒館」在明水路上打造了一處味覺樂園，即使店齡已十多年，仍努力於每季更換新菜色，在歐陸料理的基礎上加入創意變化，提供給老主顧與新食客更多重的味蕾享受！

酒館」的女主人本業為室內設計師，原本只是打算將空間設計成能招待客戶喝杯咖啡的 Café，卻在因緣際會下，以 Wine Bar 的形式開起了最初的「小酒館」；而曾任職於紐約雙子星大樓頂樓高級餐廳 Windows on the world 的張永康，則是帶領著「小酒館」一路成長的主要核心推手，熟悉紅酒、起司與料理的張經理，每天都會親自去選購店內需要的材料，新鮮、富有季節特色的食材，是他對料理的堅持。最初只專做義大利菜的「小酒館」，為了滿足熟客們的各式要求，轉成了類型更豐富的歐陸菜系，並積極投入於菜色的改良中，源源不絕的創意，使得「小酒館」能每三週就換一次主廚菜單，午間套餐更新的程度更快達每月一次。不過，「小酒館」也有大家捨不得的經典菜，是永遠都能在Menu上找到的，例如德式脆皮豬腳，以及甜點提拉米蘇，都很經典！

（左）小酒館氣氛幽靜，因而受到許多名人青睞。（右上）建議點杯酒，酒單有300多種選擇，不僅主廚套餐裡已有配好的酒品，還提供客人對於選酒配菜上的特別服務。（右下）色彩濃烈的大型抽象壁畫，是小酒館內美麗的風景。

當季新鮮食材做出美味創意料理

　　將新鮮草蝦、Mozzarella 起司包入越南春捲皮，再經過快炸的鮮蝦米捲，口感層次豐富，酥脆又有彈性，需佐清爽的柳橙醬汁入口，是一道充滿夏日季節感的前菜。擺盤猶如一幅普普油畫的「紅酒燉牛小排」，在牛小排的製作上，煞費苦心，先將紐西蘭牛排香煎，再放入以多種蔬菜、敖九熬成的醬汁裡燉煮三、四個鐘頭，肉質嫩而不柴，並保留了牛肉的鮮味；一旁的佐菜也不容小覷，以洛神花汁液熬過的蘋果，軟中帶脆，滋味酸甜，要經過幾番咀嚼後，洛神花的獨特香氣才會在舌尖淡淡浮現。

　　利用雞高湯熬煮義大利米而成的西班牙燉飯，則以鬱金香粉、cream cheese 調出濃厚香氣，吃起來有點咖哩味，一問之下才知道原來師傅為了讓鬱金香粉的味道更明顯，於是加入了咖哩來助味；盤裡的菲力牛肉則僅以少許香料煎熟，能吃到純粹的牛肉原味。甜點「藍莓起司蛋糕」上的藍莓醬，是師傅特別以新鮮藍莓慢煮，再加入蜂蜜、酒調味而成的獨家醬汁，讓起司蛋糕變成一道令人感覺無負擔的甜點，可說是外面找不到的清爽甜點。

主廚推薦美味招牌菜

◀西班牙燉飯
以鬱金香粉、cream cheese 調出濃厚香氣，吃起來有點咖哩味，盤裡的菲力牛肉則僅以少許香料煎熟，能吃到純粹的牛肉原味。

▶紅酒燉牛小排
先將紐西蘭牛排香煎，再放入以多種蔬菜、敖九熬成的醬汁裡燉煮三、四個鐘頭，肉質嫩而不柴，並保留了牛肉的鮮味。

◀藍莓起司蛋糕
藍莓醬，是師傅特別以新鮮藍莓慢煮，再加入蜂蜜、酒調味而成的獨家醬汁，讓起司蛋糕變成一道令人感覺無負擔的甜點。

紫藤廬

古蹟茶館發新芽

紫藤廬　　　　　　　　　**巷弄內**

價位：品茗每人280元起，茶食60元至80元不等。
地址：台北市新生南路三段16巷1號
電話：02-23637375，02-23639459。

紫藤廬積極地推動藝文活動，幾十年過去，當時默默無名的畫家，如今已成大師，光陰荏苒，曾被文人、知識份子視為「家」的紫藤廬，如今蛻變成令更多人流連忘返的茶館。

走入鋪著石板的庭院，過去那份靜謐氣氛依舊存在，仍是台北城中的一塊小淨土。進到茶館，才會發現改變，室內新增了一處品茗空間，原本暴露在天花板旁的雜亂、老舊管線，也經過重新配置被巧妙地隱藏了，整個空間看起來更清爽，有朝氣。這次為期一年三個月的整修，還加強了建築物的木造結構，讓紫藤廬的基底更穩固，帶著往昔的風華繼續下個百年。

周渝投入在茶文化的研究中，並親身走訪各地尋覓好茶，為紫藤廬尋出豐富的茶品種類，其中有支名為「舞色」的白毫烏龍，是來自赤蘭自然生態茶園的有機茶，特別選入這支茶，除了是因為它嚐起來甘潤，帶有蜜果的芬芳外，也在傳遞著不破壞自然生態、完全不使用農藥、化學肥料的農作理念，呼應了道家清淨無為、順應自然的理念。泡茶用的水也很是講究，二十多年來都堅持採用烏來的山泉水，因為這裡的水質甘冽清甜，極發茶性。

（左）除了喝茶，紫藤廬精緻的茶點、套餐也令許多人慕名而來。（右上）原為日式老宅的紫藤廬，別有一番古意。（右下）紫藤廬的茶品皆由主人周渝親自選入。

滋潤舌尖的美食茶藝

除了喝茶，紫藤廬精緻的茶點、套餐也令許多人慕名而來，即使是非假日的中午用餐時間，都會有不少用餐客人。

套餐的菜式會依季節做變動，茶蒸鮮魚則是固定的經典料理，軟嫩香滑的鮮魚配上茶的香氣，充滿清新的美味，附上的小菜、甜點也都是精心之作，加上雅致的擺盤，流露著令人心曠神怡的美感。

靠窗的位置，午間陽光灑上茶桌，周渝拿起茶罐捏取了撮茶葉，一次呼吸間，提起熱水注入百年茶壺，不疾不徐，周渝泡茶的姿態如行雲流水，倒出溫杯後的第一泡茶，他說這烏龍老茶耐泡，沖上個四、五回後，香氣便越發濃郁。

沉浸在烏龍的甘醇中，幾杯茶的時間，周渝從茶談到人身修維、社會文化，舉手投足間的文人氣度，再次為紫藤廬做了最佳闡釋，這裡不僅是一間茶館、沙龍，還是一個蘊藏生命與創造原力的地方。

主廚推薦美味招牌菜

◀茶點
簡單的茶點十分精緻可口。

▶茶蒸鮮魚套餐
軟嫩香滑的鮮魚配上茶的香氣，充滿清新的美味，附上的小菜、甜點也都是精心之作。

廟口海產小吃
太平洋畔無敵好吃的海鮮料理

廟口海產小吃

價位：每人約250~400元
地址：宜蘭縣頭城鎮大溪里濱海路五段212號
電話：03-9782038

（左、右下）老闆娘固定都會到附近的大溪漁港挑選新鮮海鮮，有時是漁夫直送，老闆娘就在店外幫忙整理。
（右上）無敵的美麗海景提供客人更棒的用餐環境。

如果不是聽人推薦而專程上門，很容易就在車速飛快的濱海公路上，
錯過這間低調名店。店名好記但不特別，名為「廟口」卻不見旁邊有廟，
外觀猶如尋常海鮮熱炒，但這裡所有好東西都要走進店內才會發現。
頂著推薦好口碑進來瞧瞧，許多驚喜美味馬上就能品嚐得到！

剛來到店前，老闆娘就搶先來個熱情招呼，若是老客人，她直接將當天特別的海味一一唱名，如果是第一次上門的生面孔，老闆娘先仔細介紹各種海產特色，仔細觀察，才發現店門口的點菜區環境十分乾淨，沒有刺鼻的魚腥味，也見不到地上有處理海鮮時流出的血水，這是廟口海鮮給人的第一個好印象。

走進店內，越過頭上一塊寫著「知味下馬」的大匾額，海鮮不像燒烤，僅能知味而無法聞香。這塊匾額寫得真貼切，只有熟知門道的老饕才懂得來這裡品嚐。穿過自動門，室內細長型空間像是一根萬花筒，往底看去是一大片迎面而來的美麗海景，海面上漁船不時經過，千變萬化的風景讓人著迷。靠窗位置人人都愛，不過這種位置只有一張，還好落地窗夠大，不管坐在店內哪個地方都能看到窗外美景。

走出戶外，還有驚喜。屋外下方是狹長型的沙灘地，老闆竟在這裡開闢一座開心菜園。閒暇之餘，老闆就愛提著水桶，穿梭在菜園中仔細澆水，悠哉整理手中剛拔起的新鮮蔬菜。隔著消波塊再往後看就是太平洋，往更遠點瞧，龜山島的身影便映入眼底。

店裡提供的新鮮魚貨，都是老闆每天跑到大溪漁港挑選的尚青食材，漁港像是他們家的海鮮量販店，想要什麼特別好貨，親自跑一趟就對了。有時店裡較忙，熟識的漁夫也會幫忙將當天現撈的魚貨直接送來店裡，老闆再挑選出適合可用的海鮮。

每日嚴選尚青海味名人也愛

今天意外來了一隻大魟魚，老闆從廚房跑出來，看看這隻魟魚夠不夠新鮮，看了滿意，馬上放在磅秤上，惦惦斤兩。這家店最早的確是開在廟旁，後來因為租約到期才搬到現在的位置，雖然新的店面不在廟旁，但老闆認為「廟口」代表他們的開始，所以就保留沿用至今。

剛開始經營時，店的生意並不穩定，老闆突發奇想在門口擺了一張桌子，先放姑婆芋葉襯底，上面再放滿各種色澤漂亮的海鮮，每樣體型都很大，這樣才能吸引奔馳在濱海公路上開車族的目光。這招使出，果然發揮效果，上門的客人越來越多，讓店裡生意逐漸步上軌道。老闆的好

手藝，不只傳於鄉鄰，連鑑識專家李昌鈺博士和礁溪老爺酒店總經理沈方正都喜歡來這裡吃海鮮。李博士特別鍾愛這裡的龍蝦稀飯，稀飯裡拌有海鮮高湯，再加上一整條大龍蝦，光吃這鍋就很過癮！沈總經理則會在忙碌之餘，偷閒跑出飯店，來到這裡點幾盤道地海味小菜，打打牙祭。

除了海鮮，店內的紅燒牛腩絕對不能錯過，紅燒牛腩習自於羅東的老師傅，原本師傅找不到理想的人可以傳授，直到遇到了老闆才得以將這道秘傳美味延續下來。另外還有八寶飯和剝皮辣椒，都是老闆自己研發的道地美味，廟口海產不論海鮮或非海鮮，果然讓人處處有驚喜！

主廚推薦美味招牌菜

◀新鮮生蠔
每天新鮮進貨的生蠔，品質口感絕對頂級沒話說，快切裝回殼中以蘿蔔絲作底，怕腥的客人可以擠點檸檬再品嚐。

▶黃鰭鮪魚生魚片
厚切的黃鰭鮪魚，用料十分大方，光看就非常過癮。搭配典雅盤飾，粉嫩魚肉顯得更加美味可口。

◀蝦蛄稀飯
蝦蛄的口感比龍蝦還美味，這盅要價二千元的高級蝦蛄稀飯，不僅能吃到肉質鮮美的蝦蛄，湯頭更是鮮甜好喝。

❰ 新鮮好料創意菜色，小細節也不馬虎 ❱

▲新鮮有氧鮑魚
每天取得的鮑魚直接放進氧氣水箱裡保鮮，要用時再取出，客人隨時能夠吃到。

◀看好角度才出菜
老闆對於擺盤要求甚高，不管是小菜或主食，都要仔細調整到最好角度才會出菜。

▶好刀法才有好味道
處理生蠔時，為了要爭取最佳入口的黃金時刻，老闆使出俐落刀法將生蠔從殼上取下並切段，動作極為熟練。

◀私房好料
店裡除了海鮮美味外，點子很多的老闆還研發出各種特色產品，像是這盤剝皮辣椒就十分受到顧客歡迎。

▲獨家創意吃法
涼拌飛魚卵雖然是海產店常見的小菜，但用心的老闆特別加入皮蛋，增加品嚐時的口感層次。

蒸煮流野海鮮

無毒河豚鮟鱇魚宴澎派上桌

蒸煮流野海鮮 ｜港灣邊｜

價位：每人約250~400元
地址：宜蘭縣蘇澳鎮南寧路5號
電話：03-9955000

接近中午的南方澳漁港，不分當地人和觀光客，所有人開始尋找解決午餐的地方，靠近南寧市場附近的海產店，慢慢湧進大量人潮。這是離漁港最近的海產街，哪家店的海鮮尚青，看店內坐了幾桌客人就知道。

離南寧市場只有30秒步行距離的蒸煮流野海鮮，老闆大鯆ㄟ平常都是用走的到市場買魚貨。「從小就和爸爸到魚市場買魚，順便看人賣魚，市場好像我家的一部份。」曾在知名食品公司服務過，也曾經營過民宿的大鯆ㄟ，後來還是選擇自己熟悉的老本行，開了這間名稱特別叫做「蒸煮流野海鮮」海產店。

不像一般海產店老闆都在廚房裡忙，大鯆ㄟ把料理的事交給老婆，自己則在外場和客人「搏感情」，說自家的故事，也說各種海鮮的故事。這間店不說自己的海鮮尚青，卻在店內許多角落都看到「蒸煮流」和「免官府」的字樣。大鯆ㄟ說：「蒸煮流，就是真主流。來這裡吃飯不分政治立場，吃我們的新鮮海產就是真主流。」讓人好奇的店名原來是這樣來的，蒸和煮是店內最常用的料理手法，大鯆ㄟ認為這樣才能吃到這些海鮮的真正美味。

（左）每天下午二點開始，餐廳旁的南寧漁港逐漸熱鬧起來，老闆這時也來到漁港挑選新鮮魚貨。（右）每天補進的魚貨稀奇百怪，老闆會親自幫客人點菜，同時也順便介紹每種海鮮的特色和口感，讓客人方便選擇。

品嘗蒸煮原味才是真主流

另一個「免官府」的由來是大鑼ㄟ感念父母對自己的照顧，父母曾在當地贏得「免官府」的美名，意謂不需要官府操心，就能將自己家務照顧得宜。耳濡目染的大鑼ㄟ，經營海產店後發揮擅長說故事的本領，讓客人在品嚐新鮮美味之餘，還能聽到屬於南方澳的在地小故事。

在品嚐店裡招牌的鮟鱇魚料理前，如果沒有特別忌口的食物，大鑼ㄟ會主動幫客人配些開胃小菜。如果說魚和河豚料理是店內的真主流，這些盤盤好吃的小菜更是不能錯過的另類美味。

店內河豚的吃法有很多，選用的都是六斑刺無毒河豚，絕對可以吃得安心。緊接上場的鮟鱇魚大餐才是這裡的真主流。店裡的鮟鱇魚料理手法多達十幾種，其中最受歡迎的有紅燒鮟鱇魚身、酥炸鮟鱇魚下巴、快炒鮟鱇魚肚、清蒸鮟鱇魚肝和鹽酥鮟鱇魚掌。從魚身各部位吃到魚內臟，其中讓客人最為驚艷的就是清蒸鮟鱇魚肝，簡單蒸過後就能呈現出鮟鱇魚肝鮮而不腥的好味道，嚐過的客人都回味無窮，滿嘴都是活跳跳的新鮮滋味。

主廚推薦美味招牌菜

◀紅燒鮟鱇魚身
鮟鱇魚是店內招牌海鮮料理，可以分不同部位做出多種菜色，這道紅燒鮟鱇魚身吃起來帶點酸甜滋味。

▶快炒鮟鱇魚肚
鮟鱇魚肚子部位肉質極富彈性，用快炒方式最能吃到魚肚獨特的彈牙口感，是道美味的下酒料理。

◀鹽酥鮟鱇魚掌
魚掌就是胸鰭的部位，合起來很像一雙手掌，用酥炸方式料理鮟鱇魚掌，撒點椒鹽就十分好吃。

岩波庭新潮流料理

蘭陽食材美味變身

岩波庭新潮流料理

價位：每人午餐680元，晚餐900元，另加收10%服務費。
地址：宜蘭縣礁溪鄉大忠村五峰路69號
電話：03-9886288

飯店內

（左）枯山水庭園裡融入了宜蘭的地型元素。（右上）出菜前，主廚還會做擺盤的最後調整，一定要將食物的各種角度調至最佳位置，才能送出廚房。（右下）干貝南瓜豆腐。

礁溪溫泉遠近馳名，鄰近五峰旗風景區，位於半山腰上的老爺酒店，獨闢出自成一格的溫泉世界。只有溫泉不稀奇，這裡的美食更誘人，酒店裡有間以「宜蘭廚房」自居的岩波庭餐廳，主廚嚴選在地特色食材，融合創意巧思入菜，道道精彩，美味不斷。

酒店位於清幽山腰上，當然要善用這般優越的地理位置，提供新潮流料理的岩波庭餐廳發揮創意，將餐廳設計成一棟玻璃屋，透明大窗和挑高空間把宜蘭的好山好水全都納進來和客人作伴。

有了好空間，還要有好的廚房師傅和服務人員才算完整。黃欽洲主廚，認真思考新菜單，服務人員專心整理桌面和準備餐具，用最利的眼，最細的心，努力讓所有餐具都標齊對正，井然有序。在這座偌大的挑高空間中，食材和窗外景致來自天然設計和服務則是來自最有溫度的熱忱人性。

空間設計走的是簡約風格，而餐點料理則想方設法將宜蘭各種在地特色食材搜集而來。「餐廳座落在宜蘭山腰上，受到這塊土地滿滿的養分滋潤，我們回報給來酒店度假嚐美食的外地客人，當然要用最能代表宜蘭的在地食材盛情款待！」這正是岩波庭餐廳堅持的「宜蘭廚房」精神。這裡可說是宜蘭的大灶腳，主廚用心蒐集各地品質最好的特色食材，讓客人坐在五星級的用餐空間裡，享受融合傳統與現代的六星級料理手藝。

堪稱全台灣的農業大縣，不論是農產或海鮮都十分豐富，本身就是一座大型菜市場。憑藉這個天然優勢，餐廳主廚和採購部門主管經常利用時間，四處拜訪隱藏在縣內各鄉鎮的用心小農。瞭解各種農產食材的特色，思考如何利用入菜，老爺酒店希望自己就是宜蘭食材的最佳推銷員。

融合老元素創造新美味宜蘭

　　譬如海鮮的選擇，餐廳委請一位阿卿姐負責打理，用累積多年經驗的眼光，找出宜蘭最新鮮的魚貨。米飯部份則和三星鄉農會合作，採購以有機方式種植的稻鴨米，粒粒飽滿，香甜好吃。鴨肉部份則是和位在宜蘭市近郊的豪野鴨合作。

　　料理中用到的金棗醋，則是選用員山鄉阿蘭城社區自製的產品，總經理沈方正非常喜歡阿蘭城的純樸風味，有空便跑來社區作客。這些金棗醋都是由社區阿姨分工合作，用最天然方式生產的愛心好醋。老爺酒店透過採購這些宜蘭在地特色小農的農產品，不僅幫助了小農的經濟生活，也對於社區文化推廣工作也盡了一份心力。

　　坐在岩波庭井然有序的空間裡，等待菜色上桌的同時先欣賞窗外美景，用餐情緒變得十分舒坦。服務人員上餐時，會貼心介紹藏在每道菜裡的小特色，將每個小特色組合起來，其實就是一段關於宜蘭的食材故事。　例如用透明杯盛裝的醃漬蜜金棗，來自於酒店鄰居林美村的金棗園，在冬天盛產季節，來到餐廳用餐的客人都能吃到這道當地人也愛吃的應景小點心。另外一道醬肝櫻桃鴨胸，則是選用飼養於三星的櫻桃鴨，搭配羅東生產的知名醬肝做成。在這間餐廳裡，老爺酒店堅持任何一道菜將要融合當地元素，讓客人吃得到屬於在地風味的創意料理。

主廚推薦美味招牌菜

◀紐西蘭羔羊排
主食之一的紐西蘭羔羊排，吃起來軟中仍有彈牙口感，醬汁乃是用紫蘇搭配蘋果調製而成，味道十分特別。

▶蒸魚捲
採用八甲漁場的母香魚去骨切片，包覆蟹泥內餡後放進蒸籠蒸熟，吃起來口感相當紮實，非常美味。

◀白粉圓紅豆湯
白粉圓是宜蘭的特色小吃，飯店特別結合紅豆，做成這道人人都說讚的白粉圓紅豆湯當飯後甜點最適合。

﹛ 精選在地食材，創意入菜 ﹜

▲鴨肉
鴨肉選用於宜蘭有名的豪野鴨，肉質滑嫩，極具彈性。

▲三星蔥麵包
蔥的用途很多，主廚特別將三星蔥與麵包結合，口味好吃沒話說。

▲稻鴨米粥
海鮮粥的飯是三星鄉的稻鴨米，以有機方式種植，味道特別香甜。

▲蔬菜湯
蔬菜選自在地食材，如綠竹筍、木耳、天喜菇、三星蔥、高麗菜…等。

▲溫泉番茄鴨肉
宜蘭礁溪的溫泉番茄，又稱為桃太郎。將番茄切片搭配鴨肉十分對味。

紅樓中式料理

品味蘭陽12鄉鎮名路小菜宴

飯店內

紅樓中式料理

價位：「烤鴨二吃」每份988元，中式桌菜每桌8000元
起，另加收10%服務費
地址：宜蘭縣宜蘭市民權路二段36號6F
電話：03-9101011

來者是客，吃飽為樂。在晶英酒店紅樓餐廳裡，淋漓盡致印證了宜蘭特有的待客之道。十二道融合蘭陽各鄉鎮農產的名路小菜搶先亮相，接著再由五星級烤鴨大餐接續登場，道道美味連番上陣，口感精彩無冷場。

宜蘭堪稱台灣美食之鄉，各路小菜佳餚五花八門，有的是以時令蔬果取勝，如南山高麗菜和礁溪金棗；有的則以新鮮肉品得寵，如大溪海鮮及三星櫻桃鴨。這些種類豐富的雞鴨魚肉青菜水果，在晶英酒店主廚林瑞勇眼中，每樣都各自擁有鮮明特色。

「鴨是最能代表宜蘭特色的陸上肉禽，在地本來就有很多傳統的鴨料理，當然也包括烤鴨。不過我想把烤鴨做得更精緻，做出讓人一看就會露出驚喜表情的豪華烤鴨！」林主廚的信心來自於琢磨廿五年的好手藝，為了做出讓人驚艷的烤鴨宴，他決定走出廚房，直接在客人餐桌旁擺席，親自示範一場精彩的片鴨秀。

欣賞完主廚親自示範的精彩片鴨秀後，片完的鴨肉整齊裝盤後，搭配主廚發揮創意製做的三星蔥餅皮，就能開始品嚐好吃的烤鴨宴第一味。主廚將片鴨後剩下的鴨架子推回廚房，準備製作烤鴨宴的其他美味。

（左）烤鴨宴中最有看頭的戲碼，當然就是主廚的片鴨秀，只見主廚用俐落刀法將鴨肉一片片切下，宛如一場藝術表演。（右上）將梅汁和小蕃茄一起醃漬到完全入味，吃起來有梅的甘甜和蕃茄的彈性口感。（右下）將粉肝做成片狀，包入切成條狀的蘋果絲，吃起來綿密中帶有蘋果的特殊香氣。

創新五吃烤鴨全席

　　在等待後續烤鴨料理上桌前，主廚先為客人準備好豐富的各式小菜。這些小菜各個都大有來頭，名為「蘭陽十二鄉鎮名路小菜」，每道都選用一種來自宜蘭十二個鄉鎮生產的特色農作，用心做出這席澎湃豪邁的小菜全宴。來到紅樓餐廳，不論是山珍、海味或巷弄口碑小吃，全都能在這桌一次嚐遍。嚐完了十二道蘭陽鄉鎮小菜，下半場的烤鴨宴已經準備就緒，隨時可以趁熱端上！

　　一般烤鴨都有三吃，紅樓餐廳的烤鴨就是多了二種新吃法。除了餅皮夾鴉片外，將剩下的鴨肉拔絲加入筍絲快炒，搭配生菜一起品嚐，滋味十分爽口。不能錯過的是口感超濃郁的白菜煲鴨湯，融合鴨香和白菜甘甜的乳白色湯頭，一喝就上癮，捨不得把碗放下。另外二道主廚特別製作的烤鴨吃法，一道是香煎的醬佐鴨胸，一道是看起來就讓人垂涎的醬烤鴨腿。五道誠意十足的烤鴨全席，一次吃盡櫻桃鴨所有精華部位，品嚐如此豐盛的晚餐饗宴，終於認識宜蘭人堅持的待客之道。

主廚推薦美味招牌菜

◀大同玉蘭茶葉筍
大同鄉玉蘭村是宜蘭縣知名茶村，主廚將茶葉和筍子一起拌炒，茶葉的清香讓筍子吃起來更為甘甜。

▶壯圍有機蝦
選用壯圍有機養殖的無毒蝦，直接以辣炒方式料理，偏重口味可以幫助開胃，味道十分帶勁！

◀礁溪溫泉絲瓜
生產於礁溪溫泉鄉的絲瓜，每天喝溫泉水的賣相就是比較好，拌點甜椒和紫地瓜快炒起鍋，美味爽口。

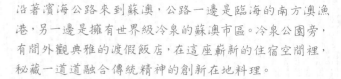

沿著濱海公路來到蘇澳，公路一邊是臨海的南方澳漁港，另一邊是擁有世界級冷泉的蘇澳市區。冷泉公園旁，有間外觀典雅的渡假飯店，在這座嶄新的住宿空間裡，秘藏一道道融合傳統精神的創新在地料理。

瓏山林蘇澳冷熱泉度假飯店

泡溫泉吃蘭陽式創意料理

瓏山林蘇澳冷熱泉度假飯店　**飯店內**

價位：含在房價中(限住宿客人預約)
地址：宜蘭縣蘇澳鎮中原路301號
電話：03-9966666

瓏山林冷熱泉度假飯店座落在讓人十分意外的蘇澳市區內，位置頗為隱密，口字式的建築也為飯店增添幾許神秘感。外人只能望著單一米白色的建築外觀，卻難以猜測內部空間的佈置與氛圍，穿過寬廣的中庭花園，順著迴廊走，就能到與櫃檯大廳相望的餐廳，一路上經過數不清的廊柱和地上的大型玻璃燭臺，穿梭在這線條極為工整的空間裡，讓人的情緒也變得更為平穩，慢慢感受出這裡典雅中帶有莊嚴的尊貴氛圍。

蘇澳以冷泉聞名全台，主廚BOZO發揮創意，把這上天賜給蘇澳的禮物當成做菜的食材。他將冷泉水過濾乾淨後做成冰塊，冰塊可以用在調酒上，也能搭配梅汁做成一道可口的冰品。蘇澳還有三種特產很有名：羊羹、彈珠汽水和花生捲冰淇淋，這些在當地人心中早有既定的樣貌和味道，但熱愛向刻板印象挑戰的BOZO，依舊將這三樣東西巧妙做了小小改變。

（左）瓏山林度假飯店位於蘇澳市區，但從頂樓能遠眺蘇澳港和海景，用完餐來這裡欣賞美景十分愜意。（右上）位在一樓餐廳中央的酒吧，裝潢十分時尚，設計成頂天的大酒櫃，每天都維持七百瓶左右的存量。（右下）挑高設計的一樓餐廳內景，主要是提供輕食和飲酒的休閒空間。

大口品嚐「新蘇澳小吃」

他將彈珠汽水加入調酒中，變成老少咸宜的氣泡酒。他把傳統的紅豆羊羹上頭再加一層抹茶羊羹，綠紅雙色的新口味羊羹，吃起來更為爽口，果然大受歡迎。最特別的是，他將原本甜的花生捲冰淇淋，改用明蝦和各種生菜當內餡，同樣撒上花生粉，包成春捲狀，吃起來卻帶有明蝦的淡淡海味。

「蘇澳有特色的傳統小吃很多，我非常喜歡這些古早味食物，在構思晚餐菜單時，覺得一定要將這些傳統元素放進來，這樣飯店晚餐就能和當地文化結合了。」

前菜有三道小點：海鮮捲、凱撒沙拉和粽葉鮮蝦麻糬，一開始就吃得到融合在地特色的味道。再來是濃湯盤，除了海鮮濃湯之外，還有酥炸生蠔和法式乳酪蔥麵包，麵包用進口乳酪刨絲沾烤，搭配三星蔥末，十分好吃。主食則有炸魚排和蔥蒸龍蝦，都是採用南方澳漁港現撈魚貨的新鮮海味。最後送上甜點和水果，吃到這裡，肚子剛好飽了八成，肚子還有點空間可以到吧台再點一杯調酒，慢慢享受一晚悠閒之夜。

主廚推薦美味招牌菜

◄鮮魚炸排
每天從南方澳漁港直接取得新鮮魚貨，將當天品質最好的魚肉做成這道主菜，酥炸口感十分美味。

►凱撒沙拉
做成像是一只花籃的凱撒沙拉，模樣十分討喜，生菜做底，撒上美乃滋和培根碎片，嚐起來爽口好吃。

◄蔥蒸龍蝦
對切剖開的大龍蝦，只撒上鹽和蔥末一起蒸熟，保留龍蝦最原始的滋味，吃起來果然鮮甜多汁。

中台灣，
盡享悠閒好食光

中台灣

綠葉方舟

森林裡的五星級料理廚房

綠葉方舟　　　　　　　　　**山林中**

價位：單點280元起
地址：苗栗縣三義鄉勝興村12鄰綠舟路1號
電話：037-875868

走進綠葉方舟，通往幸福的小徑引領腳步走向一片10公頃的森林，而航行在這片綠色林海之中的，一棟爬滿藤蔓的木造小屋，隨時隨地都飄送著熱騰騰的食物香氣，正準備撫慰城市中的疲累味蕾。

工作人員身上的T恤，大剌剌地寫著「我們是幸福的那一國」，明明白白地彰顯著綠葉方舟的航向。

每天下午約莫四點，主廚小白會走出廚房，在森林裡找尋新的靈感，採集季節的味道，楓葉、蕨類、山茶花樹葉甚至不知名的葉子，都曾被小白主廚拿來擺盤，透過用自然作為裝點的擺盤，傳遞一種簡單而飽滿的幸福。

每四個月更換一次菜單，森林主廚每一道「作品」，都是講究突顯食材風味的實力之作。菲力或沙朗牛排，煎到微焦後便送入烤箱、封住肉汁，不添加過多的調味料或香料，僅以海鹽提味，讓味蕾品味最簡單的純粹；以大量海鮮及番紅花激盪而出的地中海漁夫燉飯，淡爽起士香中滿溢海洋鮮味，豪爽呈現漁夫本色；毒癮海鮮麵獨具巧思地以泰式辣味顯現醬汁色澤，入口卻繚繞鮮明的紹興酒香氣，令人極度驚豔，立即上癮！

（左）航向綠海的方舟。
（右上）森林裡放鬆殿堂。
（右下）森林樂活蔬食套餐。

倘佯大自然處處皆幸福

手工現榨披薩皮薄而Q，口感紮實，每一口都是主廚用心的手勁拿捏，值得細細品味。森林裡，特別有一種專注，彷彿是森林賜予的魔力，讓餐點在這裡有了不一樣的生命風味。

想到綠葉方舟，踩著碎石、走著幸福小徑慢步入園，是唯一指定的方式。這座森林對入園有點小小的限制，開車前來的人得將車停在園區入口，將廢氣隔絕在森林之外，以散步姿態步行經過大草坪、山櫻花步道與五葉松林，直到遊盪著鴨兒的小湖畔，才能發現隱身綠海之中的方舟。

用一生來種樹，等待千樹成林，又花了3年讓藤蔓爬滿屋牆，對於自然的堅持，讓園區充滿枝繁葉茂的綠意，坐在五葉松延展而出的枝葉下享用餐點。

階梯、拱門、鞦韆架、鐘樓，每一處都是最自然的曲折，每一處都是通往森林的入口。主體建築二樓的屋頂，以傳統木構桁架打造森林木屋的風味，前後各設一座壁爐，裝點出山中炊煙的氣氛，從室內望向甲板，方舟正開往，一片綠色森林之海。

主廚推薦美味招牌菜

◀毒癮海鮮麵
以泰式辣味顯現醬汁色澤，入口卻繚繞鮮明的紹興酒香氣，令人極度驚豔，立即上癮！

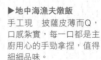

▶地中海漁夫燉飯
手工現　披薩皮薄而Q，口感紮實，每一口都是主廚用心的手勁拿捏，值得細細品味。

◀蘿勒野菇手工披薩
手工現榨披薩皮薄而Q，口感紮實，每一口都是主廚用心的手勁拿捏，值得細細品味。

虹谷有機農場：
我們的家

布農媽媽端出有機鮮食好料理

虹谷有機農場：我們的家 　　　　　　　　　 山林中

價位：每人300元
地址：南投縣仁愛鄉萬豐村97號
電話：049-2974121/ 0933-626-865

（左）虹谷有機農場「我們的家」外觀。在群山環繞的山谷間，可以遠眺山谷與青翠的菜園農地，滿是山居歲月的悠閒適意。（右）農場裡還有養雞養鴨，也都是有機飼養，養雞不易，所以也是得預約才吃的到的。

從埔里沿著台14線轉接鄉道的山間小路，沿途風光盡是層巒疊翠的迷人山景，一路往山上去，每個轉彎之後視線所及，好像是等待著旅人的美麗山谷田園，又或是無垠綿延的丘陵溪壑，在這與自然相遇，想著這蜿蜒的小路盡頭，會有怎樣奇幻美景在等著我們造訪呢？

萬豐村，也就是舊稱的曲冰部落，一片平坦的山中谷地，還有田野間羊腸小道旁錯落的平房石屋。迷路了，路旁有一座小小的木製看板上彩繪著部落的地圖，告訴你身在何方，而虹谷有機農場「我們的家」，就在一條田野小徑的盡頭不遠處。

農場主人廖爸爸與廖媽媽在山中栽植著有機作物，是國內少數的高山有機農場，得天獨厚的自然環境加上有機耕植，讓農場裡的高山蔬菜長的碩大和翠綠，以前常有許多朋友，甚至推展生機飲食的抗癌鬥士都不遠千里而來，只為抱著滿滿的蔬菜而歸。

不過，在南投83鄉道還未開通的時代，這一上山可得千里跋涉，雖然如此，但在大家的強力支持下，廖爸爸在

好幾年前開始在這裡蓋起房子，以布農族部落最傳統的工法，用石頭為基座，搭配當年和廖媽媽結婚時種下的櫸木作為建材，完成了這幢隱世獨居的民宿並取名為「我們的家」。廖爸爸說，我們的家「INIDA LOUMAK」意思就是這裡是每個人的家，希望遠來作客的朋友，可以在此完全的放鬆，享受山居生活的愜意悠閒，還能在山林綠意中品嚐廖媽媽的好手藝。

廖爸爸忙務農照顧田裡，而有著一手好廚藝的廖媽媽，平日則都在附近的學校，為小朋友們料理營養午餐，造就的好手藝連遠遠道而來的客人一嚐都為之驚艷。謙虛的廖媽媽說，其實是食材新鮮，簡單煮就很好吃，而農場裡當季盛產的蔬菜就是最好的時令佳餚。

尚天然的菜市場就在我家後院

因為山裡環境好，有機栽植的土壤也好，自然農作物都長得健康又漂亮，就算生吃也相當可口，像是自產的高麗菜就可以取代萵苣葉做成生菜捲，比一般市面上的萵苣更清甜爽口。田裡的生物也相當豐富，水池裡的田螺與泥鰍多到可以入菜，4月時的田螺最多，做成紅燒田螺超對味。每到用餐時間或有客人預約，廖媽媽就會走到他們自家的大菜市場蒐集食材，變成一盤盤有媽媽味的家常好料理。除了山蔬田鮮做成的美味料理，身為布農族的廖媽媽，會用香糯米製作傳統米食，並端出自家飼養的放山雞與客人分享，這也是只有在這兒才吃的到的特色料理。

廖爸爸的家就在群山環繞的山谷間，可以遠眺山谷與青翠的菜園農地，春天來還可以看到盛開的櫻花，滿是山居歲月的悠閒適意。對於山川大地總是懷抱著敬意，廖爸爸夫妻倆對於從小生長的這塊土地有相當深厚的情感，也有說不完的故事，就像每一個部落圖騰都代表了一個人生故事，廖爸爸希望能以自身的努力來守護故鄉的自然生態。

廖爸爸熱情的為客人導覽，廖媽媽則是努力的透過食物來傳承部落飲食文化，當遊客坐在這片山林綠意中，一邊聽廖爸爸說著故事，一邊品嚐廖媽媽準備的在地料理時，身心靈似乎都因此而獲得豐足。

主廚推薦美味招牌菜

◀汆燙龍鬚菜佐廖媽媽特調梅子醋
梅子醋醬汁是用廖媽媽親手醃製的梅子醋加入油膏,再拌入薑、蒜末,即可搭配汆燙後的新鮮龍鬚菜一起吃。

▶紅燒螺肉
燜煮後的紅燒田螺,Q中帶勁。吃的時候要用牙籤把肥美的螺肉給挑出來,再沾點湯汁一口吃進嘴裡,口感滑嫩又入味,一吃就上癮。

◀高麗菜捲
沒有青菜的土味,這兒的高麗菜生吃就很甜,再加上小黃瓜、胡蘿蔔、蘋果、番茄、烤乾的海帶以及紅鳳菜,就是廖媽媽的特製高麗菜捲了。

〔 媽媽味家常好料理,紅燒田螺製作5步驟 〕

▲洗淨泡水
先洗淨田螺上的泥沙,然後泡水,要煮時再瀝乾備用。

▲剪掉尾端
將田螺尾端剪掉,檢查是否還有泥沙,紅燒時也會比較容易入味。

▲汆燙田螺
田螺要先以滾沸的開水汆燙,要注意不能煮太久,汆燙一下即可。

▲爆香薑蒜快炒
薑與蒜先下油鍋爆香,再加入田螺快炒,其間再加入醬油與蠔油調味。

▲燜煮
調味完成後,繼續拌炒一下,再蓋上鍋蓋燜煮至少5分鐘後即可起鍋。

清境魯媽媽
山中品嚐雲南家傳臘味料理

清境魯媽媽

價位：單點價格100~400元
地址：南投縣仁愛鄉大同村仁和路210-21號
電話：049-2803376

山林中

沿著中橫霧社支線爬過一個又一個山頭，終於來到清境這一方人間仙境，有如謐靜的歐式花園，也有綿延不絕的青青草原，透過節慶活動、美麗圖騰與傳承的飲食文化，在這山林之間，瀰漫著濃濃的擺夷人文風情。

來到清境，一定要品嚐雲南擺夷的特色料理，清境魯媽媽是相當知名的餐廳之一，至今已傳承到第二代老闆魯文印，餐廳也從在山壁邊小屋，搬到可以瞭望整個清境山谷的新家，這棟三層樓的歐式風格建築，是主人的家也是餐廳。白色石牆、棕色斜尖屋簷，十分雅致，就像是錯落在清境山間的許多歐風建築民宿，內部設計也融合了歐式庭園的設計元素，不過餐廳內端上桌的料理卻是道道地地的雲南傳統家常料理。

五官深邃、超像混血兒的老闆魯文印，隨遇而安的性情，加上體貼又好客的態度，和這餐廳的歷史不謀而合。原本家中從經營果園、百合花園，他突發奇想開起咖啡廳，最後卻因緣際會靠著媽媽遠近馳名的好手藝，創立了魯媽媽雲南擺夷料理餐廳，一路走來累積了人氣，成了許多人來清境一定要造訪的指標景點。

（左）臘肉工作室裡面擺滿了正在醃製的臘肉。（右上）棕色屋簷白石牆，位在山邊的魯媽媽餐廳，頗像歐洲山林間的度假小屋，俯瞰著山谷景色！（右下）暖色調的室內用餐空間，搭配木質桌椅，感覺很溫馨。

獨家配方手工醃燻絕妙好滋味

魯文印邊學邊做，慢慢襲得了媽媽料理的好手藝，身為餐廳總鋪師的他改建了原本老舊的餐廳，但他知道真正的價值還是那份傳承的味道，所以像是料理的主角臘肉，即使必須耗時的使用手工醃製、燻烤，魯家始終堅持著傳統的製作方式。

位在餐廳旁的一間小屋，就是臘肉工作室，裡面擺滿了正在醃製的臘肉，魯文印相當專業的拿起油花分配均勻的五花肉，抹上包含了鹽、辣椒粉、花椒粉以及高粱酒的獨家配方醃料，醃製就得花上20天，其間隔幾天還得不時翻動，讓每一塊肉都有足夠的呼吸空間；之後又得花上約一天的時間煙燻，每個步驟、熟成的方式都是關鍵。同樣的方式還能用來製作臘腸、臘排骨，還有不在菜單上的臘豬耳朵，可是要預約才吃的到的私房菜。

而在餐廳旁這一大片的山谷裡，魯文印下一步還想種起百合花，讓山谷間瀰漫著迷人的百合花香。聽著魯老闆細說每道料理的做法以及傳承文化的心意，也許下次可以跟著魯媽媽的腳步，一步一步認識不一樣的清境。

主廚推薦美味招牌菜

◀醬筍肉絲
每一口都吃得到筍絲與肉絲，肉的鮮甜與筍絲的酸度，配合的剛剛好。

▶牛肉干巴
像是牛腱的臘肉版，直接切片用油煎過，吃起來就像脆脆的牛肉乾。

◀臘排骨湯
這道魯文印新研發出來的湯，因為製作耗工費時，可是得預訂才吃的到喔。

竹棧餐廳

生態竹林裡吃在地風味餐賞螢

竹棧餐廳

價位：單點價格180元起
地址：南投縣鹿谷鄉和雅村愛鄉路39-50號
電話：049-2750587

山林中

（左）老闆娘不只廚藝好，還有自己獨到的插花美感！（右上）餐廳裡所有的建材都是用竹子與木柴製作的，有著濃濃復古懷舊的古早氛圍。（右下）老闆喜歡泡茶和客人聊天聊生態，超有人情味。

來到冬筍與茶業的故鄉「鹿谷」，一路往山上去，沿途盡是遠山炊煙裊裊的景致，兩旁竹林環繞，聽著穿越竹林搖曳的風聲，以及呼吸著山裡清新又瀰漫著芬多精的空氣，想像著山居生活那遠離塵囂的寫意自在，以及那山中小屋傳來陣陣古早味的飯菜香。

　　路往南投西南方這偏遠但蘊涵豐富自然生態景觀的和雅村前進，這間在地人才知道的好餐廳「竹棧」就位在蜿蜒山路的一旁，像是一間以竹子搭建而成的驛站，讓飢腸轆轆的旅人們停駐，卻再也不想離開。因為在竹林環繞中，人們可以一邊聽老闆陳孟臨述說這兒的故事與令人驚喜的生態，一邊等待著老闆娘從廚房端出一道道讓人光是聞到香氣就口水直流的料理。

　　這間藏身在竹林中的餐廳，老闆滿身才藝，身兼總鋪師的老闆娘則是一手好廚藝，兩人熱情、樂天又好客，讓小小餐廳充滿著笑聲與絡繹不絕的人潮。原本老闆經營茶園，老闆娘則是在飯店工作，九二一地震後雖然茶園被剷平了，但對他們來說卻也是新的開始。陳孟臨

支持著老婆當時想開餐廳的夢想，和孩子一家四口一起全力投入，老闆娘學廚藝、研發菜色，原本就是竹藝設計師的老闆，就以竹子為建材，打造出復古又溫馨的用餐空間，餐廳沒有窗戶，因為四周望去的田園景致就是最棒的布景，夏天還能享受晚風清拂的適意。

　　感覺憨厚樸實的陳老闆可說是深藏不露，餐廳裡每件充滿巧思的竹子小物，像是茶具、燈罩、名片架，甚至包括餐具都是他的作品；不時還會表演起另一項才藝「射撲克牌」，天花板插滿了的撲克牌，就是他跟客人比賽的成果，不過聽說至今還沒人成功挑戰過老闆呢！

　　餐廳裡的食材都是來自於在地，老闆娘說，他們的食材每天都是從鄰居的農園裡新鮮直送。

在地食材新鮮直送風味佳

　　像是筍子和高山的山芹菜都特別清甜，而且食材取自在地也有助於地方農業的推廣；餐廳的員工也都是鄰居，為社區創造就業機會，待人以誠的態度讓鄰居熱情分享自家農園的新鮮作物，連在海邊養殖水產的朋友，都不遠千里相送好食材。

　　在這裡，四季都吃得到不同的新鮮的食材，透過好手藝，讓各式食材搖身一變成了一道道風味獨具的料理。像是特製高麗菜，老闆娘就用蔥、蒜、醬油調配的醬汁來炒高麗菜，清脆爽口，淡淡的鹹香，醬汁拿來拌飯也是一絕。招牌菜「蜂王乳煎蛋」也是老闆娘的創意，用的是竹山出產的蜂王乳，營養價值高，裡面可是有許多

小蜂蛹，客人不小心吃到可能會嚇一跳，不過真是既好吃又能美顏養容。

　　對於這片土地上的自然生態與生物，陳老闆如數家珍，這裡有多達80種珍禽和鳥類、15種螢火蟲，還有獨特的昆蟲與植物。餐廳後方的竹林就像是一片生態園，他還會帶著客人來場生態導覽，尤其是觀察棲息在這兒的螢火蟲，在沒有光害的環境下，入夜後只有滿天星空相伴，老闆親手用葫瓜設計的燈具，刻意營造微暗的燈光，就是為了吸引螢火蟲的到來，夏季，在微暗的餐廳裡，飛舞的螢火蟲成了最閃耀的光芒，也讓客人體驗到螢光晚餐的驚喜。

主廚推薦美味招牌菜

◀特製炒高麗菜
高麗菜搭配上老闆娘特調的醬汁，鹹鹹甜甜的滋味配上爽口的高麗菜，超下飯！

▶蜂王乳煎蛋
外表煎的金黃，入口卻滑嫩的煎蛋，鹹香中又有淡淡甜菜的滋味。

◀清炒山芹菜
只用大蒜和極少許辣椒清炒，山芹菜格外相當清脆鮮甜。

｛食材天然，蜂王乳煎蛋養顏美容又好吃｝

◀紫蘇梅
老闆娘自己釀造的紫蘇梅，Q彈酸甜，配茶入菜都好吃。

◀蜂王乳與蜂蛹
蜂王乳煎蛋的主食材就是這白白的蜂王乳，不過仔細看，裡面還有小小蜂蛹呢！

◀加入甜菜
加入甜菜與調味料，跟蛋打在一起。

▲大火熱油鍋煎
煎蛋要熱油高溫，煎蛋下鍋後要翻攪一下，才會有嫩嫩的口感，兩面煎至金黃即可。

◀山芹菜田
高山蔬菜總是特別的清甜，像是這裡盛產的山芹菜，清炒就很好吃。

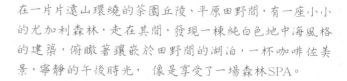

森18
森林湖畔優閒享受創意西式料理

森18

價位：單點價格180~520元（需預約），
套餐價格180元起。
地址：南投縣名間鄉田仔村田仔巷16-8號
電話：049-2273797

水岸邊

在一片片遠山環繞的茶園丘陵、平原田野間，有一座小小的尤加利森林，走在其間，發現一棟純白色地中海風格的建築，俯瞰著鑲嵌於田野間的湖泊，一杯咖啡佐美景，寧靜的午後時光， 像是享受了一場森林SPA。

前有一望無際的茶園田野，後有優美宜人的湖岸風光，沿著小碎石徑漫步於尤加利樹林以及充滿綠意的庭園間，一如其名「森18」其實就是「森SPA」。兩層樓的白色建築呈現簡約的風格，落地窗上映照著搖曳的樹影，流洩而入的陽光照亮了室內空間，不管坐在哪個角落往外望，放眼所及都是景致。

五年級的主人陳秋萍摘香草送餐，還要跟主廚陳柏均研究菜單，忙進忙出的生活著實跟她原本想像的退休人生規劃有些差距，但她甘之如飴。從OL變成庭園餐廳的主人，從平穩的生活到付出一切打造了這座休閒庭園。在都市住了20幾年，懷念小時候農村生活的秋萍，沒事就往鄉下、郊外跑，等到孩子都大了，前些年就決定回歸山林，回到家鄉買下這塊造林地，以自然工法打造一座零污染與生態融合的休閒農場，希望讓更多人可以在悠閒的步調中享受美味料理。

（左上）白色建築呈現簡約的風格，落地窗上映照著搖曳的樹影。（左下）挑高的設計，搭配整片的落地窗，讓室內的空間明亮又開闊。（右下）尤加利森林。

年輕廚師巧手烹調挑動味覺SPA

　　陳秋萍一步步打造農場的夢想，餐廳則是由主廚陳柏均一手包辦，以養身為原則，利用在地食材加上西式創意，研發出一道道令人驚喜的菜色。

　　像是金鑽鳳梨子排，用的是名間鄉的特產「金鑽鳳梨」，不過料理起來可不像糖醋排骨這麼簡單，得先花上3~4小時熬煮成香氣濃郁的鳳梨蜜，讓鳳梨的酸甜滋味與食材完美的融合，色彩繽紛的配色與擺盤，更是讓人食指大動。由於創意料理的作工繁複，耗時費力，所以想品嚐都得提前幾天預約，還可以依照客人的預算與需求客制化菜單喔！

　　此外，院子裡的香草食材也是創意的來源，像是芳香萬壽菊可以拿來泡茶入菜，也可以和香茅一樣成為火鍋高湯的主角。除了創意，森18還有媽媽的古早味，由女主人媽媽純手工製作的梅露、檸檬乾、醬筍等釀造品，不只成了陳柏均發想料理的食材，也是許多客人最愛的伴手禮。

主廚推薦美味招牌菜

◀三鮮南瓜盅
使用中捲、蝦仁、鯛魚等海鮮食材與南瓜泥一起燴炒，每一口都有海鮮與南瓜的鮮甜。

▶醬筍鮮活魚
將醬筍切絲炒香，再加水熬煮出醬筍的鮮味；魚裹薄粉先入鍋油炸，再放入醬筍湯汁中燴煮收汁，魚肉鮮嫩又吸滿了醬筍的湯汁。

◀金鑽鳳梨排骨船
用附近市場採購回來的上等子排，先用醬料醃製兩天，再裹粉酥炸，加入鳳梨蜜燴炒的彩椒一起拌炒，風味絕佳。

花自在食宿館
卓蘭田園享受在地食材手路菜

花自在食宿館

田野間

價位：套餐1200元
地址：苗栗縣卓蘭鎮西坪里37-2號
電話：04-25895892

隱身樹下池畔的露天座椅、將綠意納為窗景的室內座區，皆以「自在」打造出或坐、或倚、或躺的慵懶風格。主廚以當地食材揮灑出創意私房料理，環景獨棟木屋完成鄉間渡假夢想。

藏在鄉間小路中自成一格的小天地，出自身兼設計師與美食家的主人之手，輕風吹動樹枝上的葉片，篩落一抹光影，投射在一道道融入私房創意、取用當季食材的料理之上，蒸騰出令人驚豔的禪意美學。

每一道料理都是融入創意與當地食材激盪出的心血，演繹出中菜西吃的創意私房菜套餐。主食之一的「山藥胡麻烏龍麵」，金黃色的胡麻醬汁佐泰式酸辣透抽，入口之後在舌尖跳躍著驚奇的火花。前菜照燒秋刀捲，以純熟刀工將魚肉片下來後先捲再烤，醬燒光澤宛如一件藝術品；而以羊菲力搭配北海道南瓜、希臘式客家丸子的主菜，更是充分展現中西融合的私房創意展現。最後送上的茶泡飯，台東旗魚干鋪陳白飯之上，淋上以塔塔加有機烏龍茶及柴魚高湯製成的茶湯，當金黃色的茶湯緩緩注入，那股清香淡雅的香氣，恰恰呼應了這裡最自在的，慢食的精髓。

（左）山藥胡麻烏龍麵。（右上）園區裡每一個角落都有不同的感動。（右下）整體空間設計打造自在氛圍。

酸甜苦辣，讓味蕾品味人生

由女主人發想的這道「酸甜苦辣」，選用苗栗當地當季的食材，玩出口味上的變化，擺盤各有意境，讓人生難免嚐受的四種滋味，輪番在舌尖味蕾激盪。

酸，用苗栗公館產的紫蘇、梅子、洛神熬煮出紫紅色湯汁，浸入白蘿蔔絲，泡置一天以上，讓酸味深入其中，吸蘊爽口風味。

甜，取苗栗公館產的柿餅，壓扁後鋪上層層核桃、海苔，成就甜中帶鹹的絕妙口感，捲成條狀後切片，輕盈的分量，只甜了口，卻不膩人。

苦，將在地白苦瓜刨成細絲，過水去澀後泡入冰水，提升脆度，再低溫油炸，炸出輕舞曼妙的姿態，佐以日式芥末入口，薄脆有如洋芋片的口感，散發淡淡苦情，好是美妙！

辣，以白色春捲皮將山藥、山葵、辣椒親親密密地圈裹成一國，就是一道心態樂活、口味偏重的素食料理；或是加入醬雞肉，馬上搖身一變墨式香辣版春捲，變化自在人心。

主廚推薦美味招牌菜

◀羊菲力佐希臘式客家丸子
羊菲力搭配北海道南瓜、希臘式客家丸子的主菜，充分展現中西融合的私房創意。

▶照燒秋刀捲
以純熟刀工將魚肉片下來後先捲再烤。

◀茶泡飯
台東旗魚干鋪陳白飯之上，淋上以塔塔加有機烏龍茶及柴魚高湯製成的茶湯。

老五民宿

日式庭園中享受有機梅入菜食趣

老五民宿

價位：晚餐每人380元。
地址：南投縣水里鄉上安村安村巷101-7號
電話：049-2821005

田野間

（左）五嫂的私房菜遠近馳名，現在已開始接受用餐的預約，連饅頭都出名到得排隊網購才吃得到。（右上）
入夜之後，透過燈光照明，讓民宿更顯另一種不同於白天的風情。（右下）2個兒子都是五嫂的老幫手，哥哥也
開始學做饅頭了。

上安村依山傍水，前有陳有蘭溪，後依偎著中央山脈，氣候宜人，物產
豐饒，是個充滿現代農村風情的小鎮，這裡聚集了一群默默推展無毒
自然農業的農民們，來這裡體驗農業生態，主人們會熱情的將在地蔬
果變成一道道有機料理，歡迎客人的到來。

鄰近陳有蘭溪畔的平原上，就在那田野農園之間，日式唐風的木造建築，佇立在紅磚步道的盡頭，一旁是潺潺流過、由地冒冷泉形成的小溪與水塘，蓊鬱的原野綠意，如果不是入口小橋上寫著「老五民宿」四個字，會讓人以為身在靜謐的日式庭園裡。

體會自然環境的可貴，家裡排行老五的盧振旭，10幾年前便選擇放下都市的工作，回歸家鄉，在這塊土地上打造一個能讓大家重溫童年農村生活的生態庭園，也希望能透過休閒農業的方式在社區推廣自然有機栽種，老五這份愛鄉愛民的使命感，五嫂芬芬也全力支持。

這木造建築紅磚地板，有著農村復古的味道，老五負責民宿的裝潢設計，四處可見他收藏的木作藝品，大部分都是他到陳有蘭溪撿到的漂流木，再請工藝家朋友設計成各式作品，巧妙美化了每個角落，靜靜地展現主人的品味。

原本是鋼琴老師的五嫂，為了服務住宿的客人，她才從頭開始學烹飪、研究食譜，用自家栽植的有機梅子研發菜色，還開始學做饅頭，現在五嫂的私房菜可說遠近馳名，一開始只供應住宿房客，現在已開始接受用餐的預約，連饅頭都出名到得排隊網購才吃得到。

為了推廣在地有機農業以及養身健康的概念，五嫂料理的食材都是取自在地有機栽培的農作物，鄰居的菜園就是他的天然菜市場，還有村民會不定期送香菇、山藥、番茄、小黃瓜，種什麼就送什麼，五嫂總是有辦法將食材變成色香味俱全的料理。

手作能量饅頭Q軟麵香濃

用有機梅子製作成的梅子醋、梅子汁、紫蘇梅、茶梅等蜜餞，也都是民宿招牌梅子餐美味的祕密武器，不像外面的梅子醋總是太甜，老五的梅子醋酸甜度恰倒好處，入菜不只清爽還香氣十足。

民宿的每樣料理從調味到擺盤都是五嫂的巧思，烹調過程不繁複，保留食材的新鮮原味。而用料實在、長得像是拉長版花捲的饅頭也是五嫂的創意，由於每樣料理都是強調手作，得花上一整天的時間製作，麵團只用全麥與中筋麵粉，兼顧健康與柔軟口感，不加色素，只加入有機食材，像是紅麴堅果、南瓜等，再加以壓揉，完全不用酵母、低糖低鹽，費時五個小時才發酵出充滿能量的手工麵團。

蒸的過程也是功夫，一開始是用瓦斯爐去蒸煮，但為了節能減碳改用柴燒，幾年前才蓋了古早時候用的灶，跟著木柴燃燒的節奏與空氣，麵團也像有了生命力似的，口感較柔軟，散發著濃濃的麵香。

秉持著對於這片土地深切的情感及愛護生態的理念，老五積極推廣自然有機農法，也引起許多共鳴，愈來愈多當地的農民們投入有機栽植，合作發展休閒農業。在這裡每個人可以與大地一同呼吸，還可以跟著老五先到陳有蘭溪撿石頭，再到香菇園採香菇、果園體驗農作與DIY脆梅，來一趟農業體驗之旅。

主廚推薦美味招牌菜

◀鐵板蒸香菇
用的是在地的有機香菇，加上配料放在鐵板上蒸出香菇的精華與香氣。

▶有機生菜佐特製醬汁
新鮮生菜撒上有機堅果，再淋上用梅醋加苦茶油調配的醬汁，清爽又開胃。

◀紅燒蘿蔔
雖然是紅燒口味，但是口感清爽，不會過於死鹹，品嚐到蘿蔔清甜的美味。

｛排隊網購才能吃到的超人氣手工饅頭製作5步驟｝

◀塑形
將小麵團做成各種口味，包括南瓜、紅麴堅果、紅豆、全麥芋頭和蔥花等。

◀發酵
麵團發酵5小時後，再分為每個平均重量300克的小麵團。

◀起灶生火
用木柴燒，燃燒的節奏與氣場，似乎也影響著食材。

◀放進大蒸籠
靜置5小時後，便將麵團排列到蒸籠裡。

▲分等份切
將較為大份量的饅頭分切成四塊，也較易入口。

新好命農莊

吃了會幸福的客家懷舊好料理

新好命農莊
價位：每人1000元
地址：南投縣名間鄉大坑村武東巷29-7 號
電話：0983-055-131

田野間

（左上）採自然農法，完全讓鳳梨自由自在的生長。（左下）田野間瀰漫著鳳梨的清香，讓下田採鳳梨、習作農作也是一種很棒的享受與運動。（右）聰明的小豬一聽到大家來了，就會趴在木頭門檔上等著跟大家打招呼，超可愛。

名間，茶與鳳梨等豐富農產的故鄉，從鄉裡的主要縣道轉個彎接上蜿蜒於田野間的小道，彷彿進入另外一個世界，農田一望無際地延伸向遠方的高山，忘情於美麗的農園景象時，遠方的小屋裡傳來陣陣有著媽媽味道的飯菜香，引領著我們前往這幸福又美味的好命食堂。

隱身於田野間的新好命農莊，住著七個堅持一定要好命的好朋友加上一位手藝超棒的媽媽，讓這片土地充滿了生命力、歡笑聲與綿延不斷的飯菜香。

他們在這片好山好水的農地，用最自然有機方法來種植茶葉、鳳梨與菜園，是最幸福的現代農夫，平常各司其職推展新好命農產品，回到農莊，吃飯就是取自於自家菜園的有機蔬果，自給自足的生活真是名符其實的好命。幸福的人會種出快樂飽滿的農作物，果然田裡的鳳梨都像感受到這份心意似的，長得圓潤飽滿，這份樂活的態度與對生命的熱情，也吸引了許多來體驗農作、追求樂活的民眾，於是大夥開始用心研發更多讓人吃了會感覺幸福好命的料理。

新好命教主阿靚的媽媽玉琴跟御明是大廚，其他人是二廚，大夥利用自家食材發揮創意，加上玉琴媽媽料理傳統家常菜的好功夫，就這樣設計出多達20餘道菜色，每一道都吃得到健康與美味。

為了好滋味與堅持用最自然的方式種植，這兒的土鳳梨沒一個長得一模一樣外，還可見被蟲吃掉一大角的鳳梨，他們說有蟲吃才表示沒農藥，而且這些鳳梨雖然賣相不好，滋味卻很讚，香氣十足，也可以拿來製作成果醬與鳳梨豆醬。醃製鳳梨豆醬可是有技巧的，先將鳳梨切丁，再一層層的鋪在大的玻璃罐裡，除了配合鹽的比例，最重要的是要預留給鳳梨呼吸的空間，太擠太鬆都不好，就像是生活每個面向都得平衡才會快樂的道理是一樣的。

有機老欉土鳳梨烹調出自然好滋味

　　這蘊涵著人生哲理的有機老欉鳳梨豆醬可是外面吃不到的，香氣之濃郁不但可以用來煲湯，還能用來入菜，像是他們平常最喜歡吃的鳳梨豆醬煎蛋，可是每個人都會煮的拿手招牌好菜。

　　玉琴媽媽是「總鋪師」，有大廚指導料理，加上年輕人的創意，就變出許多融合在地傳統食材、客家風味的料理，沒有過度的烹調與調味，呈現食物的原味，每道菜看似平凡，但每一口都是懷舊的好味道，一如四周有機農園的作物般自然就有好滋味。還有他們自己生產的好命茶，一年四季可烘焙成不同的茶品，尤其以四季玫瑰紅滋味與色澤最為特別，大夥突發奇

想將好茶拿來煮飯，再加上祕密武器有機「苦茶油」，一鍋色澤誘人、香氣四溢的紅茶飯，讓人忍不住食指大動。

　　在田野間一邊感受這有機的農園生態，一邊放鬆地享受健康的好命料理，滿是寧靜與自在。大夥忙進忙出，摘菜洗菜、煮飯泡茶，就是想讓每個人都能夠感受到他們滿滿的用心與熱情。這一道道看似平凡的料理可都是放感情下去煮的，食材取自自然，每個季節都有不一樣的食材，讓民眾不只從務農也能從料理中體驗大自然的四季更迭，吃飽之後再配上一盤酸酸甜甜的新鮮土鳳梨與一壺好茶，只能大嘆人生夫復何求，身心靈都大大滿足了。

主廚推薦美味招牌菜

◀鹽水雞與煙燻雞
鹽水雞與煙燻雞是一道
家傳菜,選用土雞製
作,雞肉嫩而不膩,還
有濃濃煙燻的滋味與香
氣!

▶紅茶飯
使用好命茶的紅茶來煮
飯,再加上有機苦茶
油,平衡了茶葉的味
道,也增添了飯粒的色
澤。

◀香煎鳳梨豆醬蛋
用老欉鳳梨豆醬作成
的煎蛋,每一口都能
吃到鳳梨的濃郁鹹香
以及香菜的清爽。

{ 拿手招排菜,鳳梨豆醬蛋製作5步驟 }

◀鳳梨豆醬
醃製鳳梨豆醬的黃豆
也是有機的,先將醃
製發酵入味的鳳梨以
及豆醬湯汁從罐中取
出。

▶打蛋時將
食材拌入
將鳳梨丁以
及切碎的香
菜加入土雞
蛋中打散打
勻。

▲焦香味十足的鳳梨豆醬蛋
在鍋中不需要急著翻動蛋,要慢慢煎出
淡淡的焦香味,才會有古早的好風味。

◀鳳梨切丁
將鳳梨切成小丁,香
氣與口感更容易融入
蛋汁中,也能均勻的
被蛋液包裹,讓每一
口煎蛋都吃得到鳳梨
的口感。

◀起油鍋煎蛋
起油鍋要達一定高溫才能將食材倒入。

公田溝休閒廣場

田野間享受現撈鮮美放山魚

公田溝休閒廣場
價位：依菜色而定，一魚二吃530元。
地址：南投縣埔里鎮房里里雙吉路75號
電話：049-2916577

田野間

（左）阿波嫂每天穿著青蛙裝採收西洋菜。（右上）公田溝休閒廣場周邊有很棒的自然生態環境，不僅如此，還有美麗的花朵、涼亭、蓮花池。（右下）噴水池是阿波叔用小石頭研發出來的「作品」。

在埔里鎮西北郊區，有一片遠望無際、引水灌溉而成的翠綠茭白筍田，這裡是「公田溝」。　好山好水的自然環境，不只吸引了來自北國的候鳥群停留過冬，還隱藏著一間與生態共存的餐廳，在地的老闆用濃濃的人情味迎客，還會告訴你關於這片田野的動人故事。

在地人才知道的公田溝休閒餐廳，就在一大片茭白筍田中間，四周小橋流水、綠意環繞，但卻總是高朋滿座，關鍵人物就是埔里人稱「阿波叔」的老闆洪秋波。

為人豪爽大方，阿波叔，有著說不完的故事，他笑說他只會種田，這塊地在還沒蓋餐廳前，就是種茭白筍，他32歲買地、40歲破產，那段時間每天都睡不著，只守著一塊地，都是靠著「白天種茭白筍，晚上種甘蔗」這樣硬拼熬過來的。

阿波叔的田裡有天然湧出的地冒冷泉，在921地震過後，環境氣候變遷連帶影響了茭白筍的種植，他想著自家冷泉水養殖的魚總是讓吃過的人讚不絕口，不如來養魚開餐廳吧！為人處世樂觀的阿波叔朝這目標前進，連裝潢設計都親力親為，他捨棄水泥建材，硬是花了好幾倍的錢用大卡車載運大石頭，一塊一塊堆疊出圳道池塘，和阿波嫂兩人胼手胝足的在農田間無中生有的「創造」出一間餐廳來，連噴水池也是自己用小石頭研發出來的「作品」，食材菜色也特別請廚師朋友一起來幫忙，感動鄉里的不只這份心意與熱情感動，還有用料實在、採用在地新鮮食材的好滋味。

除了餐廳的主體建築，阿波叔將一大片土地規劃為休憩園區，有吊橋、木造涼亭、漂浮著睡蓮的池塘，還有阿波叔親手打造的噴水池，來這裡吃飯之餘，還能輕鬆散散步，在涼亭裡聊聊天、欣賞圍繞四周的美麗自然生態。

自家栽種冷泉西洋菜滋味清甜

　　每天起床上工第一件事，阿波叔到池子裡抓魚，阿波嫂則是到水田裡割菜，阿波叔說，他們的草魚、鯉魚和台灣鯛魚都是用天然純淨的泉水養殖，只吃浮萍、牧草與豆餅，所以魚肉特別甜美，沒有腥味及土味；而且放養在廣大的魚池，讓魚兒有足夠的活動空間，每條「放山魚」都肉質結實肥美又富含膠質彈性，尤其是俗稱吳郭魚的台灣鯛，體型比起市場賣的魚大上一倍，而且現點現撈，用清蒸的方式料理，嚐到冷泉魚自然鮮甜的美味，讓人一吃成主顧。

　　餐廳另一項特色食材就是自家栽種的冷泉西洋菜，阿波嫂每天穿著青蛙裝去採收西洋菜，因為水耕西洋菜就種在天然泉水的圳道水池裡，稍一不注意還以為是浮萍水草，但西洋菜的營養價值極高，埔里的氣候相當適合種植，加上又有天然泉水的加持，種出的西洋菜也特別清甜，又是一樣在外面吃不到自然好食材。

　　身為埔里在地人，阿波叔對於這片土地有著很深的情感，餐廳裡的食材也盡量採用當地食材，像是埔里米粉，還有來到埔里一定要吃的當然就是有美人腿之稱的「茭白筍」，茭白筍達人阿波叔還偷偷告訴我們，挑選茭白筍可別有迷思，以為愈大愈好，其實外型較細長、較小支的茭白筍才最嫩最鮮甜呢。

主廚推薦美味招牌菜

◀沙鍋魚頭
餐廳特色之一就是
可以一魚多吃，沙
鍋魚頭是用草魚，
肥美鮮嫩，但要預
約才吃得到的喔。

▶涼拌笈白筍
來到美人腿的故鄉
埔里，一定要吃笈
白筍沙拉，笈白筍
都是選當日現採，
氽燙冰鎮後，沾蒜
蓉醬與沙拉醬都很
好吃。

◀冷泉西洋菜
自家栽種的冷泉
西洋菜又稱豆瓣
菜，富含多種維
生素，廣東人常
用於煲湯，口感
清脆，清炒氽燙
都好吃，讓人一
吃上癮。

﹛ 現撈放山魚，醬筍鯛魚湯製作5步驟 ﹜

▲撈魚
阿波叔會把3~4個月養成的台灣鯛趕到圳道
裡，客人現點現撈，超新鮮！

◀將魚切塊倒入
鍋中
將新鮮的台灣鯛
處理切塊，並倒
入鍋中煮沸，撈
起雜質泡沫，讓
湯看起來更為清
澈。

◀醬筍
這醬筍可是阿波
叔親手製作，依
循傳統古法，口
味清爽開胃不死
鹹，是餐廳廚房
的祕密武器。

◀加入切
片醬筍
將醬筍切
片加入魚
湯中，煨
煮出醬筍
的香味與
精華。

◀魚湯上
桌
阿波叔的
私房菜醬
筍魚湯上
桌。

班比納鄉村居
原味呈現歐陸精美鄉村料理

巷弄內

班比納鄉村居
價位：880元～1180元（用餐採預約制請先電話預約，不收服務費）
地址：台中市太平區頭汴坑山區
電話：04-22752837

（左）班比納鄉村居是由沈先生一磚一瓦親手打造而成。（右上）進入後沿著石頭步道前進，可以看到沈先生的花園，花兒爭奇鬥艷，蝴蝶穿梭著。（右下）走進屋內，原木的色系與歐風擺飾則營造出舒適典雅的用餐環境。

不同於緊湊繁忙的城市步調，隱身在台中後山太平的班比納鄉村居，是個不讓人輕易發現，卻又難以忘情的歐風美味空間，堅持對料理的熱情與夢想，不隨市場口味調整菜單，只把最好的料理、最棒的環境呈現給遠道而來的客人。

班比納，在義大利文中有小男孩之意，也表示著班比納鄉村居的主人沈先生在返鄉「蓋」餐廳時，從闢地、蓋屋、學菜到營業的堅持過程，位於太平山區的班比納鄉村居，是許多名流饕客的私房秘境餐廳，除了原本就想回太平老家過生活之外，對於料理的夢想與生活美學的堅持，更是他願意堅持七年的時間，從整闢廢屋到砌房起厝，多由自己的雙手才完成。原本學習中菜的他，為了呈現西式鄉村料理的精緻、細膩，不只重頭苦學西餐料理，並且自己種植食用花草、鑽研醬料配方，廚房也採「一人廚房」的方式包辦所有料理過程，每道環節都不馬虎，開業至今，儘管作風低調不張揚，卻受到許多美食部落客和美食家的真心推薦，因此廣受好評。

這間隱匿山中的小餐館許多傢俬都是沈先生親手製作，隱含一種手作的個人曠味，屋內擺設也富有巧思，白色牆上是畫與相片的藝術，櫃檯的木櫥擺滿印上鮮花的白色器皿不失典雅，而牆壁上的紀伯倫詩句、歐風燈具飾品或者小火爐等，都巧妙的組成了鄉村的恬靜，在原木色系為主的餐館中形塑一種特有的閒適與美感。走至戶外，便遇上了美麗的花園跟一池養滿魚兒的小池塘，由沈先生親手栽種的花草，除了欣賞之外同時也是餐點的食材，能增加色彩與香氣，而選用哪些花當作食材並無固定，端看當日哪朵恰巧盛開，或者色彩是否適合而定，沈先生每日早上都會走到花園，開始選摘。

特選上等食材烹調

　　班比納鄉村居是由沈先生與老婆彭小姐經營，沈先生負責餐點料理，彭小姐負責外場，在不降低餐點品質與用餐環境的情況下一天只接十五組客人並且採用預約點餐制，最早接受一個月前的訂位，訂位的同時要決定吃哪道主餐，好讓主廚可以提早準備食材。餐點部分則是用套餐的形式，從餐前酒、麵包、湯、沙拉、主餐到甜點可以一次享用。不盲目跟隨當前熱門的美食趨勢，沈先生堅持把自己喜歡與擅長的餐點做到完美，從仔細挑選新鮮與品質極佳的食材，到堅持使用國外進口的原料，料理的前置作業與烹調過程也是反覆鑽研與調整。

　　不同於發夢初始的簡單純粹，夢想的實踐過程就是一場冒險，在闖蕩之前必須先頂住壓力離開舒適圈才算開始，接著進入一座充滿死胡同與陷阱的迷宮，隨時有迷失與放棄的可能，因此必須仰賴堅持與專業。沈先生在創業前即有了開設餐館的經驗與烹飪的能力，成為班比納鄉村居美味餐點的基礎，進而通過市場陌生客群的考驗，而執著衍生出對細節與品質的重視跟堅持，才能創立出口碑，使得夢想得以更加壯大。

　　在班比納鄉村居，感受的除了寧靜的自然，美味的餐點跟用餐的環境之外，更重要其實是那份人的溫暖，與熱情。

主廚推薦美味招牌菜

◀奶油鮮蝦
選用黑斑虎蝦與北大西洋干貝和德國進口鮮奶油一起熬煮,海鮮甜味十足,佐以特調醬汁使得口感更加豐富。

▶蔬果沙拉
採收沈先生自己種植的當季蔬果,因此種類依時令而決定,佐以鴨胸肉或培根增加滿足感,有兩種醬可做選擇。

◀檸檬派
外面的派皮酥脆,裡頭的內餡綿密並帶有濃濃的檸檬清香,不會太酸太甜的口味調配同時也提高了客人的接受度。

{ 簡單食材創造幸福美味 }

▲法式鄉村麵包
進口高級麵粉揉製,加入起司,培根與黑胡椒在六分鐘內烘烤兩次。

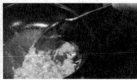

▲花園尋菜
沈先生一早的工作就是到花園去,尋找適合的植物當今日餐點的食材。

▲濃湯
餡料是由蘑菇、玉米、蟹肉棒等食材烹調而成。

▲湯頭
用胡蘿蔔、木瓜等食材精心熬煮成湯頭。

▲蔬果沙拉
採用主人自己栽種的當季蔬果,再佐以鴨胸肉以增加滿足感。

日祥生機園地
傳遞自然樸實健康快樂的美味幸福

日祥生機園地

價位：每人約500元
地址：台中市南屯區朝馬路601號
電話：04-23583118

巷弄內

（左、右上）寬敞明亮的用餐環境，讓每位到訪的饕客都能沉澱心靈，在悠閒的氛圍中盡情享用每道佳餚。
（右下）運用瓦片做為引進水流的渠道，以自然工法興建而成的小池塘，潺潺流水聲中不但增添氣氛，也一是座小型的自然生態教室。

隱身在台中黃金七期市區，是個被片片農田環繞的農村秘境，這裡擁有寬廣的草皮，舒適的綠化空間，讓人每分每刻都像回到大自然般舒適自在。在藍園長的堅持下，親切的服務品質以及健康的飲食環境，讓這裡每到用餐時刻，總是充滿歡樂的笑聲和滿足的表情。

已經走入第二個十年的日祥生機園地，是台中市精華商圈中唯一能有寬闊綠野田園和健康好料理的用餐空間，不少工作忙碌的學區教授們、高階主管及上班族群，都喜歡相約來此放鬆用餐，也補足一整天的元氣和能量。而客人每當問起「日祥生機園地」的名稱由來時，原本從事幼兒教育工作，對生命充滿熱誠的藍園長表示，「日祥」是取其日日、祥和的意思，10多年來，受到許多人的支持與愛護，每當假日時刻，不少家庭都是三代同遊此的，阿公阿嬤陪小孫子一起看魚、賞花、玩草、用餐，重溫家庭溫暖；不同家庭的孩子們也容易打成一片，家長們也有機會互相認識，快樂幸福的生活美學空間，令人難以忘懷。

「自然、樸實、健康、快樂」是日祥生機園地最重要的信念與目標，現在的日祥生機園地，擁有一大片寬闊的草皮，由灌溉用水匯集合成的小池塘，小朋友可以盡情躍進水溝裡，看著魚兒悠游於天然渠道中，能夠更貼近這塊土地，下一個十年，或許日祥還可以會這個社會做更多的事情。

日祥生機園地在今年六月搬遷新址，新園區前身是一座八十年歷史的台灣土埆厝，在整修的過程中，以保留自然景觀及回味小時候土埆厝生活的溫暖印記為前提，從基礎的施工開始，到利用老瓦片做為鋪設引進水流的渠道，都是以保護與親近土地為最大原則，因為對藍園長而言，只要是對人好、對土地好的事情，都會持續的堅持下去。

親自精挑細選的健康食材

　　健康無負擔的有機飲食是藍園長的堅持，不使用農藥是基本原則，藍園長說，農民朋友遍佈南北，都是她們親自拜訪認識，彼此間已建立完整的信任機制，食材品質令她自豪。對她來說，生機飲食就是把台灣的菜，用最簡單的方法，少油、少鹽的清爽口感呈現給每一位客人。

　　在日祥生機園地的用餐方式中，採取最自然、也最健康的歐式Buffet模式，這裡共有原野羊小排、香煎雞排、紅槽豬肋排、清蒸嫩鱈魚及青魚之戀等五道主餐，而湯品、沙拉、附餐及蔬果等，共有20多種菜色，可讓客人依食量自由取用。其中在原野羊小排部分，提升羊肉風味的的羅勒青醬是用新鮮羅勒製成，氣味濃烈卻不嗆口，是相當受歡迎的招牌料理；風味獨特的香煎雞排在採用先烤後煎的方式，讓多餘油脂在調理過程中就先濾掉，風味爽口低負擔，微酥香嫩的肉質，令人忍不住大快朵頤一番。而這裡的Buffet則相當貼心，食材都會清楚標示葷、素、大蒜等食材提醒，讓人用餐更放心，藍園長推行多年的一套餐具用餐模式，也受到許多人的支持，客人在盛裝不同食材都用同一副餐盤碗筷，一旁有流理台可以隨時清洗，如此一來就省去繁複的餐具更換，享用美食之時也更能體會感恩、適量的用餐美學，五感都獲得無比的滿足。

主廚推薦美味招牌菜

◀香煎雞排
採用先烤後煎的方式，讓多餘油脂在調理過程中就先濾掉，風味爽口低負擔，微酥香嫩的肉質。

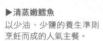

▶清蒸嫩鱈魚
以少油、少鹽的養生準則烹飪而成的人氣主餐。

◀原野羊小排
提升羊肉風味的的羅勒青醬是用新鮮羅勒製成，氣味濃烈卻不嗆口，讓清爽無騷味的羊肉風味更多元。

〔 簡單食材創造幸福美味 〕

▲四季豆
將清脆的四季豆與辣椒一起烹煮，簡單的搭配勾勒出自然樸實的味覺。

▲起司蕃茄
新鮮的有機番茄搭配香濃起司與香料，兼顧健康與美味。

▲牛蒡絲
牛蒡絲與些許辣椒加上主廚精心調製的配料，微辣的口感中帶有清爽滋味。

▲水果沙拉
豐富多樣的水果，淋上各式沙拉醬，無論在視覺或味覺上都令人相當心動。

基立屋

埔里原野美景相伴大啖平埔料理

基立屋　　　　　　　　　　　**巷弄內**

價位：每道菜約150~300元，牛肉麵80元
地址：南投縣埔里鎮愛蘭里梅村路255號
電話：049-2912477

在熱鬧的埔里鎮市區穿梭，小鎮豐富的農業及產業文化，加上四面環山的遼闊景致與宜人氣候，讓人流連忘返，肚子餓了，跟著香味走，說不定你就能在巷弄間尋找到這在地人才知道的美味食堂。

彷彿在巷弄間尋寶似的，埔里的大街小巷充滿著小鎮的懷舊風情與驚喜，從台14線轉進不起眼的小坡道，經過暨南大學，沿著不斷延伸的小巷轉彎再轉彎，一間平房木屋就這樣寧靜的處於小巷延伸出的彎道上，寫著大大的「基立屋」，不是在地人還真難發現這隱身巷弄間、有著美味流傳鄉里的小餐館，而且還有著如此特別的名字。

　　走進餐廳，雅致明亮的空間、隨性擺設的桌椅設計，頓時讓人有種放鬆的感覺，正驚喜於窗外那遼闊的原野景色，這時，主人潘偉欽一身自行車勁裝出現，平常愛騎單車運動兼旅行的潘大哥，和餐廳給人的感覺一樣熱情而隨性，說到料理，他可是相當認真，店裡的每樣菜色都是他與太太兩人不斷研究出來的心血，身為平埔族的潘大哥，發揮創意將平埔料理風格融合在地食材，就成了風味獨具的基立屋特色餐點。

（左）涼拌過貓上面撒滿柴魚片，再淋上特調的和風醬汁，口感清脆爽口。（右上）樸實的木造風格，搭配上復古的紅磚地板、隨性擺放的客桌椅，讓人享受平靜的用餐時光。（右下）切成薄片的蒜泥白肉，配上這用大蒜、檸檬汁、醬油與醋調成的醬汁，再加上青蔥與薑絲，一口入肚大大滿足！

在地食材融合原民風味大滿足

　　愛蘭里是許多平埔巴宰族人聚居之地，平常就愛煮菜的潘大哥，傳承著祖先料理的獨到口味與手藝，他說，從前以打獵捕魚為生的平埔族，習慣用醃製的方式保存生的食物，像是用酒和鹽來醃魚、豬肉、筍類，可搭配不同食材來作料理，像是醃醬筍炒豬肉等，料理上最大的特色就是鹹香。

　　潘大哥選擇用食物來讓更多人瞭解屬於平埔族的文化，他每天都到市場採買在地的新鮮食材，再融合平埔的風味，料理時少油少鹽，盡量呈現食物原味，滿足現代人的健康需求。像是基立屋的招牌牛肉麵，湯頭清甜、層次豐富，是必點的料理之一，還有刺蔥豆腐、醬筍三層肉等，每樣料理都是潘家的私房菜。

　　原本是山崖邊的一塊荒地，潘大哥一手打造了這棟建在大石頭上的木造平房，窗邊的位置可是設計懸空於山壁之上的，但由於蓋在大石頭上，這小木屋可是堅固無比，而且可遠眺埔里盆地遼闊的原野景觀，看著潘大哥端出一道道料理，熱情的寒暄問候，在這樸實溫馨的空間裡，客人彷彿像在家裡吃飯一樣輕鬆自在。

主廚推薦美味招牌菜

◀傳統醃魚
從醃製的罐子裡直接盛盤上桌，是唯一相當重口味的傳統料理，滿口鹹香配上清爽的薑絲，十分下飯。

▶刺蔥豆腐
豆腐滑嫩不必多說，那豆腐上頭酸酸甜甜的刺蔥醬汁，瀰漫著刺蔥獨特的味道與濃濃的果香，可是潘家獨家祕方。

◀招牌牛肉麵
招牌牛肉麵是採用牛腱，湯頭則是用了蘋果、番茄與甘蔗等多種水果細熬慢燉出的好滋味！

水龍頭庄腳菜
有機栽植斷木香菇鮮甜滋味

巷弄內

水龍頭庄腳菜
價位：單點120~350元，沙鍋魚頭800~1000元。
地址：南投縣埔里鎮桃米里桃米巷11號
電話：049-2914107

沿著台14線於埔里往東，行經桃米生態村，轉個彎彷彿走進無垠的田野，屋舍錯落於巷弄小徑中，有間溫馨的小木屋、一家熱情好客的在地人與香氣四溢的古早味菜餚，吸引著饕客不斷造訪。

庄腳菜指的就是在地人的家常好菜，埔里這麼多庄腳菜餐廳，能讓在地人豎起大拇指推薦的私房美味大概就屬「水龍頭」了。這間素雅的小木屋，隱身在田野巷弄間，取名「水龍頭」是因為這兒有著最純淨的水源，年輕的主廚兼老闆劉志杰一家人就和這餐廳名一樣樸實用心，用餐時間，只見姊姊與劉爸爸熱情的招呼客人，有些內向害羞但做起菜來認真細膩的劉志杰，則在廚房忙進忙出，端出一道道新鮮、熱騰騰的菜餚。

成長在埔里，年輕時曾學美髮的劉志杰，從爸爸的朋友手中頂下這間原本經營咖啡廳的小木屋，並從頭開始學習廚藝，除了承襲道地劉家的家常味，也學習其他餐廳的經驗與口味，同時依照客人的喜好及建議，慢慢調整出屬於水龍頭的好味道。

（左）雅致的小木屋，靜靜的佇立在鄉村的巷弄間，雅致而悠閒。（右上）屋外的花草綠意與屋內的陳設，都是劉爸爸幫忙整理，讓小屋內外更溫馨。（右下）香菇在最天然的木頭、最自然的氣候中生長，孕育出獨特濃厚的香氣。

自家食材端上桌新鮮百分百

如今劉志杰已擁有一身快炒好功夫，更善用桃米得天獨厚的農業環境，讓客人可以吃到自家有機栽植的段木香菇等，甚至連台灣鯛「吳郭魚」也是自己養殖在田野圳道旁的天然泉水池中，每天用傳統的捕魚網，將活魚撈送到餐廳，此外，新鮮蔬菜熬煮高湯加上特製沙茶醬的美味，也是食客們的最愛。

埔里盛產香菇，但已經愈來愈少農家使用段木來栽植，一方面成本較高，一方面不容易掌握產量，但段木香菇獨特的口感與木頭香氣卻無與倫比，為了堅持好品質，劉家依舊維持著傳統手工栽植方式，從鑽洞、植入菌種、封蠟到最後灑水靜置，不用任何的農藥，讓香菇在最天然的木頭、最自然的氣候中生長，孕育出獨特濃厚的香氣。

劉家香菇的好口碑，往往才剛採收就已被訂購一空，因為有機天然的栽植，這兒的段木香菇乾燥後竟然可以直接當餅乾吃，而像香菇雞湯等需要香菇入味的料理，客人還可以選擇用新鮮香菇或是乾燥香菇入菜，各有不同層次的風味。

主廚推薦美味招牌菜

◀沙鍋魚頭
魚肉的鮮甜，搭配上滿滿的蔬菜與濃郁的湯頭，讓人一碗接一碗。

▶埔里炒米粉
採用埔里粗米粉，加入乾香菇與蔬菜拌炒後的米粉，入味又可口。

◀鮮炒香菇
清炒新鮮的段木香菇，口感軟Q，滿是鮮甜！

中山招待所
躍入時空的解構美食

巷弄內

中山招待所

價位：午餐套餐1,480元，晚餐套餐1,880元，另加10%。
地址：台中市五權西六街27號
電話：04-23770808

改建自老房子的建築風格，從推開大門的那一刻就被灌注鮮明的時代標誌。主廚在經典法式菜餚中發揮創意邏輯，以解構手法重組中式與法式的料理元素，不著痕跡地展現中、西合璧後的新型態美味。

上個世紀二、三十年代，台灣大戶人家的家宅是什麼樣子？或許來到中山招待所就可一探究竟。改建後的二層樓建築，保留原有的主結構，寬敞的庭院綠蔭，增建的二樓陽台，讓訪客心中浮現倚窗遙望的往日情懷。維多利亞式的華麗線條難掩大戶人家的格局風範，從各地搜購而來的古董留聲機、屏風、老舊籐椅、木質書桌錯落各處，尤其設置在客廳的寬敞復古沙發，緊鄰仿古壁爐，舒適得幾乎要讓人真的把它當成「家」看待。

中山招待所想營造的是一個「遇見1920年的上海」的美好憧憬，餐廳招牌由經營者與國史館簽定授權協議，截取自國父孫中山的筆跡。不以營利為目的，中山招待所注重給予客人更多的空間舒適度與美味佳餚，採預約制，每月更換菜單，讓老顧客也能保持新鮮感。平時大門深鎖，擁有極佳的隱密性，但門內的空間卻是寬敞愜意，庭院綠意茂盛，讓人忍不住流連欣賞。

（左）兼具復古與華麗的空間風格。（右上）寬敞的庭院與建築特色，是舊時代大戶人家的宅第典範。（右下）從各地搜購來的復古物件，裝飾在空間裡別具風采。

解構美味的各種可能

除了優美環境，招待所的菜色也維持同樣的高標準，從前菜到甜點的套餐約5至8道菜，料理精神核心為「西菜中用或中菜西用」，主打經典法式料理，曾任職於亞都麗緻飯店體系的主廚陳鶴元，擅長「解構重組」的創意思維，在法式基底之上加入中式在地食材，譬如以紹興酒入味，或以西式手法調製的「肉桂蜜鳳梨」等，中、西元素相輔相成，只能分別從味覺與視覺中驚覺主廚的邏輯。

「花生燉豬尾」選自雲林花生，顆粒飽滿口感鬆軟，以中式香料當歸、枸杞燉煮；清湯則結合中、法做法，加入蛋白和蔬菜，熬出色澤澄清的湯頭，非一般常見的乳白色。「整道菜用的都是中式食材，卻由法式的風格呈現。」主廚解釋。「櫻桃鴨四重協奏曲」分別使用鴨的四個部位，用油封、煎烤、焦化奶油等不同手法製作而成，讓主廚欣慰的是，客人對這樣的料理巧思接受度非常高。此外餐廳也準備豐富的紅、白酒款做為侍酒服務的基礎，不論午餐或晚餐時段來訪，都能提供一段迷魅的愉悅時光。

主廚推薦美味招牌菜

◀蕃紅花海鮮燉飯
先將白米置入添加了白酒與蕃紅花的海鮮高湯中燉煮，再將選用來自澎湖的小卷等海鮮食材單獨調理，不混合在一起，最後再擺盤上桌。

▶花生燉豬尾
以中式香料當歸、枸杞燉煮，清湯則結合中、法做法，加入蛋白和蔬菜，熬出色澤澄清的湯頭，非一般常見的乳白色。

◀櫻桃鴨四重協奏曲
分別使用鴨的四個部位，用油封、煎烤、焦化奶油等不同手法製作而成。

三時茶房
純手工的傳統好滋味

━━━━━━━━━━━━━━━━━━━━━━

三時茶房
價位：單點50元起
地址：台中市北區太平路107巷11號
電話：04-22251930

巷弄內

傳統杏仁茶獨特的口感與做法，陪伴台灣人走過漫長歲月。三時茶房建置在一棟老房子裡，不僅能從空間和家具裝潢中嗅到老台灣味，也是少數還能親嚐這一道傳統風味的地方。

三時茶房所在的太平路窄巷，視覺上感覺只能容納兩個人通過，但用注音符號設計組成、靈感緣自象棋的「ㄙㄢㄕˊ」招牌一眼就能看到。蘋果綠外牆尤其搶眼。

推門進入，一樓面積大約只有5坪，設有迷你的吧台座位，垂吊在入口的兩盞鳥籠燈、展售的設計工藝品、擺放在牆角的自垃圾場撿回來的舊書報架，目光所及都很有老台灣的氛圍。68年次的老闆何志偉笑稱自己有一個名列前茅的「菜市場名」，因為對老、舊的東西有一份特別的喜愛，租下這棟屋齡約有50、60年的老房子，將內部空間結構做了整修，一個月後便快樂開張。為了改善原本採光差的缺點，將二樓的隔間牆全部拆掉，牆面重新漆上綠色和橘色，令人驚異的是，這兩種鮮艷濃厚的色彩，呈現在這個老空間裡卻萬分契合，搭配木質家具、籐椅、舊電話與海報等擺設，讓這間傳統杏仁茶專賣店顯得更風味獨具。

（左）老闆從別人丟棄的垃圾中撿到的可樂箱與小木凳。（右上）位於窄巷的三時茶房，是一間傳統的台灣平民老房子。（右下）整修後的老房子牆面漆上綠色，一旁的大紅春聯，讓空間更顯得古色古香。

隨意自在的氛圍

多年前向朋友的父親習得古老杏仁茶的製作方法，所有產品都是手工製作，最熱門的就是芝麻杏仁茶和紅豆杏仁豆腐。杏仁茶的製作過程，首先是將杏仁片泡水，接著延襲傳統做法，加上一些糖和一些米一起磨成杏仁漿（有一些非傳統做法會加入太白粉取代米），最後再煮成杏仁茶，整個過程需要1至2小時。因為加了米一起磨所以才會有綢綢糊糊的口感，同時也能增加飽足感。

從一樓到二樓必須爬上一段狹窄陡峭的階梯，正是從前一般平民居宅的特色。二樓除了可以看到舊鐵窗與牆面上不定時展示的「金枝演社」演出海報，還有老闆從鄉下撿來的可樂箱與小木凳，旁邊的立式竹燈彷彿是不經意存在般，融入空間裡，即能照明也具有裝飾功能。在老舊社區的安靜午後，沒有太多喧囂的都市意象，只有傳統杏仁茶的香氣，選一張籐編座椅坐下，感覺像來到親戚家裡做客，而三時茶房想要營造的氛圍，正是這一種不拘束的自在。

主廚推薦美味招牌菜

◀紅豆杏仁豆腐
老闆自行研發，口感綿密。

▶杏仁茶搭配油條
天然的味道最美，搭配油條是傳統吃法。

◀芝麻杏仁茶
杏仁茶撒上磨碎後的芝麻，口感更香醇。

桂花森林

百年桂花樹林下細品桂花茶料理

巷弄內

桂花森林
價位：單點價格依項目而定，約220~360元不等；合菜一桌約3000元。（皆需事先預約）
地址：南投縣名間鄉中村名松路一段503巷13號
電話：049-2583327

從名間交流道下，沿著139乙縣道走向松柏嶺，沿路盡是綿延的茶園及山景。這兒是八卦山南端的名間台地，是茶葉的故鄉，而這裡有一座桂花林，就在巷弄之間佇立了百年之久，用香味引領著人們探尋它的所在。

　　路往松柏嶺前進的路上，循著指標來到了桂花森林，空氣中瀰漫著淡淡桂花香，卻只見茶廠與咖啡廳，不見森林，正想著這花香哪兒來的？直到沿著餐廳旁的小徑往餐廳後頭去，百年桂花林近在眼前，用濃郁的桂花香訴說著它們橫越百年的故事。

　　老闆蕭碧惠眉宇之間透著豪爽與堅毅，一邊泡茶一邊說著有關於桂花森林的故事。這片百年桂花林曾經是台灣最大的桂花茶品的烘焙茶廠，先生意外過世後，蕭碧惠獨自撐起茶園的事業，一個轉念想著不如轉型開餐廳，讓這百年桂花林用花香吸引人們來這兒品嚐美味料理，於是桂花森林就這樣誕生了。

　　剛開始，蕭碧惠四處看、到處學，還考到了丙級廚師執照，與主廚錢加峰一起集思廣益，研究菜單，最有名的桂花釀就是研發許久的成果，招牌的桂花咖啡，也幾經嘗試，才以桂花釀替代糖，調配出透散著淡淡桂花香的咖啡。

（左）桂花釀香氣濃郁，泡茶單品就很好喝，還能拿來入菜。（右上）8~12月是桂花盛產採收期，也是香氣最濃郁的時候。（右下）加入一匙桂花釀，再倒入以虹吸式烹煮的熱咖啡，點綴以新鮮桂花，就是一杯兼具咖啡香與桂花香的桂花咖啡了。

甘甜有機山藥與私房好菜飄香

近20年的廚師經歷，錢加峰信手捻來就能變出一桌子的好菜，更研發出一系列以桂花與茶為主軸的桂花餐，食材裡的茶葉、桂花、梅子都是取自桂花森林自家的老欉茶園、桂花林，再透過古法烘焙釀製，這風味一如百年桂花林的歷史濃郁芬芳；生鮮食材則多是來自當地農場，像是桂花茶鳳，就用了名間鄉盛產的山藥入菜，合作多年的農家完全使用有機栽植，山藥清脆甘甜，當沙拉生吃就很美味。

除了以桂花入菜，錢加峰還端出許多私房好菜，像是招牌芋頭鴨湯，用的是自家養的「放山鴨」，吃有機飼料，放養在農園中，肉質鮮嫩不韌。汆燙後，加上紅棗與「祕密食材」燉煮2~3小時，再放入芋頭燉煮40分鐘，不只熬煮出鴨肉的膠質與營養，也燉出芋頭的香氣，湯頭更是清爽甘甜。

走進桂花森林的大門，不妨在桂花林下，找個最喜歡的角落坐下，靜靜感受這百年桂花林的魅力，用鼻尖呼吸著老欉桂花獨有的芬芳，用味覺品嚐著以桂花入菜的料理吧！

主廚推薦美味招牌菜

◀桂花梅魚
可選擇黃魚或鱸魚，先炸過，醬料只用桂花釀與黑豆油膏加水稀釋，再和炸好的魚一起燴煮，最後加上梅子，吃起來魚肉鮮嫩，清香酸甜。

▶紹興醉蝦
將活蝦燙熟，再冰鎮保持蝦肉的鮮甜，只用鹽調味，再加上埔里的紹興酒與中藥材，在冰水中浸泡上兩天，就能品嚐到帶著淡淡酒香的鮮甜滋味囉！

◀芋頭鴨湯
湯頭融合了鴨肉的清甜、芋頭的芳香，紅棗與「祕密食材」熬煮出的甘醇，燉煮後的鴨肉還能保有鮮嫩的口感。

田楽
for Farm Burger

念舊老屋品味手作美食 〔巷弄內〕

田楽for Farm Burger

價位：低消一杯飲料或一份餐點
地址：台中市美村路一段102巷1號
電話：04-23272782

一家好店的誕生，往往是從一個小夢想開始蘊釀，加上妙不可言的機緣推波助瀾，最終才成就了與眾不同的獨特風貌。在綠蔭密布、總是有著舒爽晴日的台中，我們遇到了這樣一群人所孕育出的好店與美食。

彷彿大門深鎖似地拉下鐵門，仔細一看，原來右邊門戶大開處才是大門。步入前庭，左側緊連主建築的小木屋前，以質感陳舊的木櫃展示一筐筐的水果，散發田園菜舖般的氛圍。方格窗的一半成了寫菜單的黑板，另一半以窗簾擋住了視線，無法洞悉裡頭的動靜，窄小的木門看起來不像是入口。另一邊，透過主建築的窄幅落地玻璃窗，能夠隱約瞧見店裡的吧台與座位擺設位置。直抵後院的長通道走到底，終於看到了等候帶位的牌子。

田楽是 Mei 和三位朋友一起開設的餐廳，為了總是晴好的天氣，他們選擇在台中創店。英名名字「for Farm」的原始版是「for Fun」，後來的 for Farm，則是希望透過這家店幫助一些小農。目前，他們的蔬果來源之一就是龍潭的一對夫妻，他們為了理想而辭去會計師事務所的工作，專注從事有機耕作，有小黃瓜、玉米筍等農產。

（左）田楽豆腐堡，豆腐滿溢大豆香、口感實在，厚切一塊作為「漢堡肉」，搭配味噌醬。（右）二樓用餐空間洗鍊簡潔，以日式雜貨風格讓台灣老宅釋放濃郁懷舊風。

新鮮好食和風味

　　田楽豆腐堡的豆腐可是意外發現的寶物，一開始是尋找製作豆乳布丁的豆漿，才發現了這家有八十年歷史的豆腐店，豆腐滿溢大豆香、口感實在，厚切一塊作為「漢堡肉」，搭配味噌醬，風味十分別致，豆腐無法訂購，只能每天早上到菜市場跟婆婆媽媽一起搶購。田楽堡系列還有牛肉、烤雞口味可選擇，另一款廣島燒肉堡則運用甜甜鹹鹹的廣島醬作為醬汁，再加上天婦羅炸蝦堡，看得出他們真的很愛和風食物。因為強調食材一定要新鮮，所有的漢堡肉都是當天現捏現打製作。

　　雖然漢堡是田楽的主打商品，但他們仍堅持在下午茶時段只提供鬆餅和戚風蛋糕等甜點。烙印著田楽二字、形狀像個大銅鑼燒的鬆餅，呈現鬆軟口感，由於原料都很天然，因此沒有過於強烈的人工香味。抹茶紅豆鬆餅搭配每天現打的鮮奶油和楓糖漿，淡雅舒服的風味完全不膩口。以豆漿、吉利丁和鮮奶油製作的豆乳布丁，口感軟嫩、入口即化，搭配黑糖蜜和黃豆粉，順滑口感讓人不知不覺就一掃而空。

主廚推薦美味招牌菜

◀豆乳布丁
以豆漿、吉利丁和鮮奶油製作的，搭配黑糖蜜和黃豆粉，口感順滑。

▲蘇打類飲料
採用新鮮薄荷葉和檸檬製作的薄荷檸檬蘇打充滿清新泌涼的口感。

▲黑糖牛奶
沖繩黑糖漿加上純牛奶，嚐起來像知名布丁底部的焦糖，香甜濃郁。

二月咖啡
新鮮手作人文義式料理

二月咖啡　　　　　　　　　**巷弄內**

價位：餐點價格160元起。
地址：南投縣魚池鄉日月潭中興路86-3號
電話：049-2855471

總是熙來攘往的日月潭，有著吸引著旅人為她駐足的美麗景色，有這麼一間小小的咖啡廳，靜謐低調的坐落於路旁的提琴榕樹下，在樹旁擺上幾張桌椅，像是隔離了喧擾，讓人想慵懶的享受那平靜、陽光與咖啡香。

　　二月咖啡有著獨特的個性與隨性的氣質，就像內向低調的主人——Amber，熱情又有才華，大樹下那塊畫著一顆樹、上頭還掛著咖啡杯的招牌，還有店內的壁畫，都是她的作品，笑起來有點羞澀的她，可是擁有一手烹調咖啡與美味義大利麵的好手藝，她用在地食材，加上自己的料理口味與風格，設計出二月專屬的義式餐點，咖啡連同餐點都有著主人的風格，美味獨特，而且內涵和誠意十足，不只觀光客，很多在地人都是座上常客。

　　不論是義大利麵、燉飯或烤雞沙拉，都得經過Amber挑剔的味蕾，而且食材使用上相當大器，每道料理裡都是滿滿的好料，餐點都盡量選用在地的新鮮蔬果，她說只要食材新鮮，不需要多餘的烹調和調味，就能表現出料理的美味；她也不惜成本用新鮮的動物性鮮奶油製作調味的白醬，讓奶油義大利麵的香氣更濃、更好吃，也讓人感受到主人的用心與誠意。

（左）小小香草園種著迷迭香與薰衣草，不僅美觀，也可以拿來當入菜的食材。（右上）家人與朋友是Amber也是二月咖啡不斷前進的力量，右邊是媽媽，左邊是好友Amy。（右下）大樹下隨性的排著幾張桌椅，不管是用餐或是點杯飲料，也覺得十分悠閒。

新鮮食材熬出鮮美的高湯精華

餐點都是現點現做，不用現成的麵醬與高湯，採用手工來調製醬料，作工費心耗時，在加入義大利麵拌炒之後，醬汁可以均勻地包覆與融入每根麵條，最後灑上滿滿的起司粉後才大工告成，燉飯也是比照辦理，像是很受歡迎的野菇松露燉飯，同樣是燴煮出菇類的精華，所以這裡的義式料理，每一口都嚐得到食材的鮮味和鮮甜。還有一個最大的特色，就是有畫龍點睛效果的陳年酒醋「巴莎米可」醬，Amber讓陳年酒醋慢慢揮發，萃取成濃稠的醬，沒有嗆人口感卻還保留醋的香氣，更凸顯了酒醋獨特的果香與甜味，讓每道料理的口味和層次更豐富。

簡單的木質桌椅、手作的義式美味，不論何時，客人都可以在開放式空間裡，隨性自在的品嚐餐點，或是拿本書，點杯咖啡享受午後的時光，像是Amber推薦二月咖啡的特調「摩卡橘子」，義式咖啡裡堆疊出巧克力、橘子醬、牛奶與鮮奶油等多重層次香氣，是十分適合夏天的好滋味。

主廚推薦美味招牌菜

◀新鮮番茄培根義大利麵
番茄的鮮甜、培根的香氣，完美的與麵條結合在一起，加上香料、起司與巴莎米可醬的點綴，滋味超迷人。

▶Homemade奶酪
這是二月咖啡Homemade的甜點，濃濃奶香，甜而不膩，很適合搭配咖啡！

◀法式芥末烤雞腿油醋沙拉
用芥末醬汁醃漬一天以上的雞腿，先煎至金黃，起鍋後加入白酒封住水分，再加上芥末醬汁送入烤箱烤至熟成。

日月潭大飯店

健康概念的頂級料理

日月潭大飯店　　　　　　　　　　【飯店內】

價位：自助餐午餐每人580元＋10%，
晚餐750元＋10%；套餐每人約500元。
地址：南投縣魚池鄉水社村中山路419號
電話：049-2855511
備註：相關紅茶料理將提供到2013年2月。

魚池鄉是阿薩姆紅茶與台茶18號紅玉明珠的故鄉，在地出生的飯店主廚，為了創造出屬於在地的美味佳餚，用入口甘醇、香氣濃郁的紅茶，料理出屬於當地風格的台灣傳統料理，故事就從紅茶的料理開始說起。

飯店主廚是南投在地人，人親土親，相當瞭解地方的特色與農業文化，說起在這塊土地上哪裡產的筊白筍最甜、哪裡產的茶葉最好、誰家的梅子醃的最好吃，他可是如數家珍，像是很少人知道埔里除了筊白筍，其實也盛產鮮甜白蘿蔔，還有霧社的達那依谷出產的香米，也是他的私房食材，充分使用在地的好食材來作料理與新菜色的研發，採用當地的食材，可以幫助在地農民，還可以維持食材的新鮮度，同時減少運送的時間，節能省碳作環保，一舉數得。

紅燒豬腳這道常見的台菜料理，結合了魚池鄉的紅茶後，就成了陳棋煒的招牌菜「紅茶豬腳」，這道料理還曾經榮獲豬腳大賽最佳風味獎。不過用紅茶入菜可是有學問的，魚池鄉的紅茶有台18號紅玉明珠與台8號阿薩姆紅茶，前者茶香清淡，甘醇中帶著果香，適合品茗；後者的香味與香氣則較為濃厚則適合入菜。

（左）發揮創意，使用在地阿薩姆紅茶與紅茶籽油料理麵線。（右上）採用契作農家栽植的有機農作物。（右下）用餐空間明亮整齊。

搭配湖畔美景的用餐環境

　　紅茶本身的丹寧素，可以軟化豬腳的肉質，主廚巧思的加入了蘋果一起燉煮，一來中和了茶的澀味，也讓豬腳增加了果香味的層次。因為紅茶富含鐵質，遇熱容易變黑，所以紅茶豬腳的醬汁呈現深棕色，但口味卻相當清淡。

　　另外為一改台菜總是有熱炒攤的形象，餐廳內部特別改用台菜西吃的方式，簡單的自助餐台上，排滿一樣樣充滿在地特色的料理，每樣看似平凡的料理，在端上桌前，背後都有一個又一個的故事。

　　走過餐廳來到戶外，美麗的日月潭就在眼前腳底，沿著蜿蜒的木棧道悠閒的散步，就像是走在水上，四周只有寧靜與湖光山色相伴。夏天到了，還可以到親水碼頭，駕輕艇、划獨木舟，享受戲水樂；或是在目前 唯一一段湖面親水自行車道上，體驗在馳騁在湖上的樂趣。餐廳的戶外用餐空間，緊臨湖畔，圓形的酒吧圍繞著一棵老欉桂花樹， 在戶外用餐，客人可以 一邊呼吸著空氣中瀰漫著淡淡的桂花香 ，一邊欣賞湖畔那日月輝映的美景。

主廚推薦美味招牌菜

◀紅茶籽油麵線
麵線加上紅茶籽油與阿薩姆紅茶烹調，口味清淡爽口！

▶紅茶豬腳
豬腳吃起來Q彈不膩，口味相當清淡。

◀梅汁排骨
看起來略顯烏黑的梅汁排骨，可沒有添加色素，是用梅子與烏梅汁下去熬煮出酸酸甜甜的滋味。

119

雲品酒店

在日月潭山景中享用五星級料理

飯店內

雲品酒店

價位：輕食午茶每位600元；雲月肪碳烤百匯1600元。
地址：南投縣魚池鄉日月潭中正路23號
電話：049-285-6788

在四季更迭間，日月潭總是展現著不同的美麗，雲品酒店像是鑲嵌在潭邊的一塊璞玉，靜靜的俯瞰著這如夢如幻的日月潭，遠道而來的客人可以在這自然美景中，放下一身的疲憊，享受佐湖光山色入菜的幸福。

沿著日月潭依山傍水的台21線環潭公路，雲品酒店就佇立於潭邊，俯瞰著日月潭優美的湖光山色。身為日月潭畔第一家五星級溫泉度假飯店，光是餐飲就有六個不同風格的餐廳茶坊，滿足每個人的需求，幕後的推手就是雲品的行政主廚陳俊誠。

來自廚師世家，基因裡彷彿天生就充滿了著對於料理的熱愛，曾在全國多家五星級飯店服務，有機會與許多國家的廚師交流，不論是中式、西式、日式、法式等各國料理都難不倒他，但最大的挑戰就是得發揮創意，將南投在地新鮮的農產品融入各式料理中，成為飯店推出的頂級佳餚。

為了發想具有在地特色的菜單，陳俊誠選擇重頭認識日月潭這片好山好水，他走訪當地農家，從一個又一個農園裡尋找好食材，他認為最好的料理就是用能呈現食材原味方式烹調，只要掌握了食材的個性，就能讓客人吃到大自然所孕育出的蔬果美味。

（左）碳烤主餐，精選海陸食材，還附上玫瑰鹽、岩鹽與各種醬汁作搭配。（右上）飯店大廳採挑高、開放式的設計，寬廣明亮的空間，讓人的心情也為之一亮。（右下）簡單的裝飾與美麗湖景輕鬆營造度假的感覺。

在地美味入菜

堅持做出讓客人滿意的餐點，是陳俊誠不斷挑戰自我的動力。尤其在五星級飯店，不只是食材要求頂級，在料理與擺盤上也十分講究，每道料理兼具美味與視覺的美感，才能滿足客人挑剔的味蕾。像是茭白筍，在他的巧思搭配下，就變身為西式沙拉裡的主角。美味的麵包與甜點，也都是完全純手工製作，而且還會因應不同季節推出不同口味，像是花季，還會以花卉為食材製作糕點，讓客人不只吃到美味，還有驚喜。

逛景點玩累了，下午也可以靜靜慵懶的躺在沙發上，繼續與這美麗的景色相伴來個午茶約會，陳俊誠為客人設計了豐富浪漫的下午茶，一道道精緻的西式茶點，用上法國頂級的法芙娜巧克力，從當地的季節水果、三明治、蛋糕點心盤到佐三種醬料的脆餅麵包棒，搭配阿薩姆紅茶，然後在水岸美景旁用餐，這幸福的午後時光，餐點跟美景一樣讓人驚艷。

主廚推薦美味招牌菜

◀精緻甜點
香濃起司蛋糕，甜點部份會不定期更換不同的蛋糕！

▶農村鮮筍沙拉
採用在地的新鮮茭白筍，同時附上多種醬汁供客人選擇。

◀義大利麵
義大利麵供應的是主廚推薦的奶油燻雞口味。

鹿谷與竹山南邊一帶，擁有天然的森林竹海、高山茶園景觀，還有一座歐式宮廷城堡坐落其間，只見主人熱情的迎上前來，送上精緻的宮廷饗宴，讓旅人們盡情享受午餐時光，補足滿滿元氣再出發。

溪頭米堤大飯店

宮廷城堡內品嚐中西合併創意料理

飯店內

溪頭米堤大飯店
價位：中西式午套餐550元＋10%。
地址：南投縣鹿谷鄉內湖村米堤街1號
電話：049-2612299

　　溪頭米堤大飯店就像是歐洲的城堡，坐擁著美麗的莊園領土，總是敞開大門，熱情的歡迎著造訪山林的旅客們，光是熱情還不夠，這城堡裡的料理主廚們要把在地的美食變成一道道的精緻的料理，歡迎大家來這享受美味與寧靜的午後時光。

　　紅地毯、水晶吊燈加上一張張仿古的歐風座椅，空間營造出華麗宮廷風的氛圍，主廚林柄偉和廚房的師傅們集思廣益，變出一道道融合在地食材的中式套餐與西式宮廷饗宴， 這份用心與誠意，讓這座宮廷慢慢有了美味的溫度。

　　鹿谷竹山是高山茶葉的故鄉，當然要推廣在地的茶葉文化，林炳偉帶著所有師傅研發出中式茶餐，哪種茶葉搭配哪種食材也都是學問，得充分掌握食材的屬性與風味，這兒的茶香燜東坡肉，不像傳統直接燉滷的方式，而是改用蒸的，雖然得費上3~4小時，卻能保留茶葉的原味，同時讓肉更軟嫩與入味。

（左）從迎賓大廳、櫃台到餐廳的設計，每處都充滿了夢幻華麗的美感。（右上）中西合併的下午茶，除了招牌的蕃薯蛋糕配上咖啡，還有豐富有料的養生湯圓。（右下）茶香燜東坡肉，三層肉蒸煮的軟Q入味，還有淡淡烏龍茶香。

食材產地直送讓糕點風味絕佳

從主餐到甜點，他們盡量採用南投在地的食材，像是玫瑰莓果蛋糕，用的就是埔里玫瑰製作的花醬。林炳偉說，他們不用香料，而是用巧思將當地的食材轉化為醃製階段的香料，不添加任何增加身體負擔的佐料，希望透過料理的方式呈現食材新鮮的原味，所以每道料理都著重健康與養身。

午後可以在古典的庭園裡，享受溫暖的陽光與中西合併的豐富下午茶，為了兼顧健康與養身的概念，午茶的組合裡還有養身甜湯圓。

而主角蕃薯蛋糕，特別採用竹山盛產的蕃薯，將當日現採的地瓜烘焙再過碎壓成泥、攪拌入海綿蛋糕，配上加了養身祕方的內餡，完全純手工製作，才能保留地瓜原始的風味，作工之繁細還得花上三天時間，才能吃得到這獲得全國最佳精品口味獎的地瓜蛋糕，為了創新而精益求精的用心可見一斑。

主廚推薦美味招牌菜

◀香乳烤豬腩排
運用傳統的中式食材豆腐乳調味的豬排，風味獨具。

▶燒烤美國牛小排
美國帶骨牛小排以紅酒與香料醃製三天，再烤上2.5小時，搭配上當季的碳烤蔬菜。

◀玫瑰莓果蛋糕
用的是埔里的玫瑰花醬，搭配酸酸甜甜的藍莓奶油。

南台灣，
品嚐懷舊人情味料理

雅植歐洲香草園

自栽現採美味香草料理

雅植歐洲香草園
價位：每人低消１００元
地址：高雄市大樹區水寮里中山路134巷
電話：07-6511226

山林中

（左）餐廳內擺上原木桌椅，沒有太多人工裝潢，自然就是最美的裝飾。（右上）雅植香草園裡種滿了各式香草植物，如咖哩葉是一種辛香料，馬來西亞人常使用其入菜。（右下）園區內植物高低錯落，輕風徐送，在此用餐，極為愜意！

大樹位於高屏溪畔，擁有天然的絕佳水質，綿延起伏的丘陵地遍植了果樹，甜蜜多汁，其中以金鑽鳳梨和玉荷包荔枝遠近馳名。循著台21線是前往大樹的主要幹道，從里嶺大橋至高屏大橋之間的省道，串聯了大樹各項重要傳統的產業和文化遺跡。

從台21線上的中油加油站轉入，經過大樹的帶狀舊聚落，奮力爬坡，又一路滑輪而下，幾經蜿蜒，終於來到了雅植香草園。雅植不太好找，但居民都知道，因為他已在地經營17年了。低調的雅植雖沿路有小指引，但園區本身沒有任何的招牌，枕木、原木等元素所建構的圍牆、桌椅，在田野之中自在相融。

雅植由黃崇謙兄弟所共同成立，他們是大樹在地子弟，哥哥黃崇謙於報社離職後，想在家鄉力求發展，弟弟學生時代就讀屏東科技大學，攻讀園藝，兄弟兩人遂攜手研發香草產品。香草植物喜於涼爽的天氣，排水性佳的環境生長，想在炎熱的南台灣種植香草植物，難度自然加倍，然而大樹屬砂礫地質，有利

於該植物生長，但容易因突如其來的大雨，造成大量植物爛根而死的損失。經過多次的試驗、失敗和努力，再加上屏科大教授的指導，終於能夠充份了解、掌握各種香草植物的特性，在香草產業開拓一片天。

雅植是南台灣最早種植香茅的業者，早年盛行的香茅火鍋、香茅綠茶、香草醬等，都是由雅植所研發、領導流行的。剛開始，雅植是試種園區，後來開發茶包產品，教民眾作香草料理及茶包DIY，後來朋友的的建議和鼓勵，在自己的園區建了餐廳，經營香草餐廳。但由於台灣當時餐飲業，香草在食物上的運用並不普遍，民眾對香草的認知不多，因此一路走來非常辛苦。現今則是南部地區各大餐廳香草的供應來源。

創意＋用心＝
多層次口感好滋味全餐

園區內綠意盎然，樹影婆娑，地上種植各種香草植物，但主要提供客人觀賞、體驗以及餐廳臨時取用，園方另有溫室，悉心照顧著，維護其產量。為了提供客人餐點最好的風味、品質，這是必要的堅持。

例如，許多同業為節省成本，諸多料理多採九層塔以為提味，但深諳香草特性的雅植選擇以甜羅勒入味，不似九層塔那般嗆辣，價格更是差及倍數。對於園區內的所有植物及其功效，黃崇謙信手拈來，如數家珍，同時歡迎客人以手指摘取香草葉搓揉，聞聞、體驗它的香氣。

奧勒岡醬汁烤豬肋半排先以自家調配的奧勒岡醬汁醃過，相當的入味，每天備好固定量的熟肉，等到客人點這道菜時，只要以高速的烤肉噴槍烤過，即可上桌，表皮金紅焦酥，肉質鮮汁柔嫩。飯則是添加了香茅粉和鬱金香粉，米香中之中還帶有淡淡的香茅清香。

另外，松子黃金地瓜泥看似簡單，卻是絕佳美味。以山藥、地瓜、南瓜蒸煮為泥，當中還有松子和葡萄乾，入口極為細緻綿密，口中散發堅果、乾果的甜香，再淋上以大樹鳳梨等多種水果熬煮的薄荷醬汁，口感更滑順，氣味清爽芳香，十足的營養，又不甜膩，大人、小朋友都歡喜。

主廚推薦美味招牌菜

◀奧勒岡醬汁烤豬肋半排
豬肋排外皮酥香，裡面口感鮮嫩，就連配菜、米飯都有學問，美味好吃。

▶薄荷生菜水果沙拉
生菜水果沙拉採食令蔬果，再淋上多種水果熬煮的薄荷醬汁，氣味清爽甜順。

◀羅勒松子燻雞義大利麵
有別於一般的業者，雅植的義大利麵不惜重本加適量的羅勒，而非九層塔，為的是堅持風味和口感！

{健康滿點，羅勒松子燻雞義大利麵製作5步驟}

▲倒入湯汁
備好事先熬煮數小時的湯汁，客人點餐即可下鍋滾熱。

▲放入各種新鮮蔬菜配料
配料先備好少量，洗切好，兼顧新鮮和營養。

▲匯煮，讓配料入味
已調理熬煮的湯汁美味，放入配料經大火煮熟，快速入味，營養不流失。

▲放入麵條，掌控火候
再放入麵條，時間要掌控得宜，使麵條吃起來熟透而有Q感。

▲起鍋囉！
麵和料起鍋，淋上醬汁，全程都不加味素和任何調味料。

5號樹屋

品嚐充滿芬多精的藝術養心料理

5號樹屋

價位：每人消費約 300元
地址：台南市龍崎區土崎里觀音山5號
電話：0919-648-907、0929-393-830

山林中

（左）找一棵樹下盪鞦韆吧，重拾童心未泯的純真情懷。（右上）眺看遠山，5號樹屋座落在寧靜的山林間，深切體會山居歲月的美好時光。（右下）獨特畫字風格，曾麗華用文字養心，簡短字句之間感受知足幸福的心境。

5號樹屋，一如店名一般，深藏在群樹之間的木屋，很難想像的是，這棟樹屋竟是出自一位女藝術家之手，從搬木頭、釘木樁一步步打造自己的家園，出發前還聽說主人極隨性，有時候創作靈感一來，大門一關就開始揮毫畫字，所以特地和她預約了一場樹屋的約會。

5號樹屋是由一位美麗的女藝術家曾麗華親手打造而成，由於位在新化山區最深處，一直是傳聞已久的秘境桃源，有時創作靈感乍現，曾麗華就會放下手邊的工作，也因為如此隨性的生活步調，所以想要造訪樹屋時，總不免要特別叮嚀「記得打電話先預約喔！」

沿著山徑小路抵達5號樹屋，眼前一片茂密的綠林掩映著樹屋，即便是熱天午後也不會燥熱難耐，走進樹屋裡，清爽的山風讓人舒服又自在。

從小和這片山林為伍，大自然本色造就出曾麗華的藝術天賦，她分享的是自然養生、藝術養心的生活理念，拿出了一本本畫字冊，信筆揮毫跳脫書法的框架和侷限，獨特的禪意為這片山林平添美好的視野。

曾麗華從扛木頭、搭建屋型，一步步勾勒出樹屋樣貌，坐在幸福搖椅搖呀晃的，映入眼簾盡是綠意山林，彷彿置身在綠野仙蹤，從5號樹屋往邊坡望去，後山有一畦畦山野菜園，平日常能發現曾麗華父母穿梭菜田的身影，七旬高齡的老人家樂在其中，日出而作、日落而息，過著樸實簡單的自然田園生活。

跟著曾麗華的腳步一起前往野菜園，山徑旁有一口百年古井，山上人家都是取井水種菜，古井上寫著「飲水思源」四個字別具意義。這一片山野菜園不施化肥、不灑農藥，純粹以自然循環孕育所有植物，這裡的種子都是自然落土、生生不息，所有的養生套餐皆來自於現採野菜和香草，高麗菜清脆度絕對不輸給高山高麗菜。

山野菜園
體會閒雲野鶴生活

　　金黃色的南瓜粒粒飽滿，青木瓜爽口最消暑，紫色山藥燉湯最養生，山蘇、茄子、空心菜、小白菜、種什麼長什麼，還有小番茄、檸檬、芭樂、土鳳梨季節水果當季收成，茂盛的地瓜葉充滿著清新的土香，農村常見的茄芷籃裡放著小地瓜，。

　　撩起長裙，脫下鞋子，曾麗華很隨性地赤腳踏進菜田裡，到古井取水時，她還會和古井說說話，感謝老天爺恩賜知足和幸福，曾麗華不只顛覆傳統農婦的印象，在她的身體裡還住著庄腳囡仔的可愛靈魂，她說自己是富婆，心靈富有的歡喜婆婆。

　　5號樹屋的山林養心套餐以「自然養生、藝術養心」為特色，食材全採用山林自種的無農藥山菜，由主人原味調理，現點現作的料理需要時間，因此曾麗華建議不妨放鬆身體，感受大自然氣息，四處走走逛逛，深呼吸芬多精當作開胃菜。

　　山林風味餐包括紅糟麵線、野菜拌麵、健康野菜、媚力青木瓜、玫瑰南瓜、養生山菇、活力山藥、筍醬肉騙、限量風味山雞肉、山林能量養生湯等以自然發酵、無防腐劑製作而成的紅糟豆腐乳、土鳳梨養生醬，或者以純手工日曬而成的藍藻燕麥手工養生麵，每樣食材都傳遞著感動人心的台灣阿婆的故事。

主廚推薦美味招牌菜

◀野菜拌麵
以現採野菜拌麵，隨
季節變化綠色蔬菜，
口味清爽有飽足感。

▶健康野菜
自然悶燒法的烹調方式，保
留住現採野菜的新鮮原味，
隨著一年四季還能品嚐到各
種當季野菜。

◀山林養生鬆餅
純手工鬆餅加入山藥
後，口感綿實，又有
養生風味。

〔 自然養生的田園料理 〕

▲藍藻燕麥手工養生麵
純手工日曬的手工養生麵，麵條彈Q，簡單的野菜拌
麵也是一道佳餚。

◀土鳳梨
養生醬
自 然 發
酵、無防
腐劑製作
而成，是
台灣阿婆
的美味秘
密法寶。

◀紅糟豆
腐乳
以養生食
材紅糟醃
製的豆腐
乳，配稀
飯 更 好
吃。

▲隨手一把野菜
不論色澤和養分都是一級棒的野菜，相當
美味。

果農之家
色香味俱全新鮮低卡水果餐

果農之家　　　　　　　　　　　山林中

價位：每人約400元
地址：台南市楠西區密枝里6號
電話：06-5750035

初次聽到果農之家，直覺聯想是果農經營的餐廳，但最負盛名的，其實是水果風味餐，而且多達50多種水果料理，真是令人嘖嘖稱奇。老闆笑說，吃完了十道水果餐，如果還要吃飯後水果，果農之家一定會熱情款待喔！

從台3線往曾文水庫風景區的方向，途經密枝里就到了的果農之家，乍聽「密枝」地名時感到十分有趣，原來是出自台語諧音「秘密居住之地」，這裡本是曾文溪支流流經而過，早期為一道水路，因四面環山的盆地地形，猶如一座空靈幽谷的仙境。

果農之家所在地屬於曾文水庫水土保護區，當地盛產楊桃、荔枝、芭樂、龍眼、芒果、棗子等水果作物，整個村落有高達九成的務農人口，果農之家園主江茂榮不但是密枝楊桃產銷班班長，也是當地轉型觀光休閒農業的幕後推手，並開發出著名的「水果餐」地方特色，現任的密枝社區發展協會總幹事江仲緯克紹箕裘，為父親江茂榮繼續推動農村再生計畫。果農之家共有近60種水果料理，堪稱是全台最具特色、最具創意的水果主題風味餐。果農之家老闆娘廖鳳如負責掌廚設計菜色，每道料理都要兼顧視覺和味覺。

（左）到山上走走，別急著趕路，坐下來輕鬆一下吧！
（右上）鮮果酥伴手禮，果農之家園主人江茂榮為自家的
鳳梨酥命名為「阿姐的餅」。（右下）生態淨化池，因位
於曾文水庫水土保護區，果農之家十分重視生態環境。

嚴選當季水果創意混搭上桌

　　「蓮霧蝦盅」以玉井蓮霧剖空、放入鮮甜蝦肉，混合出清爽酸甜的好口感；「波蘿虎掌」將鳳梨果肉燉豬腳蹄筋，入口不油不膩；還有涼拌青木瓜絲、涼拌過貓以水果醬汁調味，口味變化更多元，最特別的是，廖鳳如還特別深思熟慮每道菜餚的食材熱量，讓客人可以吃得健康又美味。

　　為了取材最新鮮的水果，果農之家一直和各地果農維持契約耕種模式，除了自家楊桃之外，食材來源還包括關廟鳳梨、安南區哈密瓜以及蓮霧、柳丁、龍眼等數十種水果，並且需具有農委會吉園圃生產履歷，以及採取無毒自然農法。

　　當初因水果產量過剩，所以只好將水果入菜，卻意外讓水果餐大獲好評。在果農之家，一年四季都吃得到的水果有鳳梨、香蕉、木瓜、哈密瓜和蓮霧等，每年也會換四次菜單，隨季節新鮮上菜，所以果農之家沒有菜單，廖鳳如笑說：「老闆上什麼菜，就吃什麼菜。」由於每一季約有十三道不同的菜色，若有不想吃的水果，可以事先電話提醒老闆換菜喔！

主廚推薦美味招牌菜

◀波蘿虎掌
將豬肉蹄筋和鳳梨一起燉
煮，具嚼勁，相當下飯。

▶涼拌青木瓜絲
以梅嶺老梅樹所釀
製的梅醬調味，是
一道非常適合夏天
開胃的涼拌菜。

◀蓮霧蝦盅
以極甜的玉井蓮霧和鮮
香蝦肉一起混合出酸甜
的創意料理。

仙湖休閒農場

坐擁美景飽餐一頓山鮮佳餚

山林中

仙湖休閒農場
價位：2人套餐690元起，4人套餐1590元起。
地址：台南市東山區南勢村賀老寮一鄰6-2號
電話：06- 6863635

藏身在東山崁頭山間的仙湖休閒農場，環境十分清幽寫意，自己種的野菜園、果園一派自然，香醇東山咖啡多了天然的蜂蜜香，雞湯汆燙野菜盡是山林原味，不妨挑一天好日子，遠離都市的緊湊步調，一起上山走走吧！

很多人到了仙湖休閒農場，有「仙湖在哪裡」的疑問，農場主人吳森富笑著說：「大多數人都以為仙湖是一座宛如仙境的湖泊。」其實仙湖地處東山鄉，是崁頭山裡的一座獨立山頭，雖然海拔高度僅277公尺，卻因環抱著三尖山、崁頭山、大凍山，可遠眺群山，還能盡收夕陽餘暉、縹緲雲海的大自然美景，尤其每年冬春之際，只要清晨氣溫下降，氤氳裊裊的山谷雲霧籠罩農場四周，彷彿是湖中仙山遺世而獨立，仙湖也因此得名。

仙湖休閒農場至今仍保留著土窯柴燒的焙灶寮，吳森富表示，傳統土窯以龍眼木柴燒及人工翻焙和緩的加溫方式，將滋味帶出豐富層次，雖然現在機械烘焙縮短產期，卻失去了桂圓乾最迷人之處，因此他始終堅持延續前人的生活智慧。就地取用山中食材也是仙湖休閒農場的招牌特色，農場裡栽種龍葵、野莧菜、山茼蒿、過貓、龍鬚等有機蔬菜，只要簡單汆燙便是美味佳餚。

（左）仙湖休閒農場以有機種植最健康的野菜，自己採、自己吃。（右上）望仙亭可遠眺群山疊嶂巍峨壯觀，三尖山、崁頭山、大凍山一覽無遺。（右下）坐下來喝杯悠閒的東山咖啡，別有一番樂活情趣。

吃獨家創意菜享受採果樂趣

　　枷苳蒜頭雞將枷苳老樹的葉子和放山雞一起燜燉，雞肉肉質更鮮美，山蛋搭配的山茼蒿或俗稱恰查某的咸豐草，傳統風味真是耐人尋味；因山坡排水性佳，南瓜和地瓜口感特別鬆綿，南瓜飯和地瓜飯讓人吃得津津有味，阿嬤栽種的蔬菜調配成田園沙拉，淋上了新鮮南瓜調製的沙拉醬，結合西式吃法的庄腳菜真是創意十足，還有古味鹹豬肉配上阿嬤自製的醃蘿蔔、脆筍、梅干和泡菜，開胃又下飯，龍眼肉包花生的龍吐珠更是獨創吃法，猶如蒟蒻口感的桂圓炸過後，入口咀嚼竟是一番清爽口感。最值得一提的是，吳森富還種植了上千株太平洋橄欖和台灣野草莓，以橄欖和放山雞熬製的湯底清爽甘美，汆燙野菜、沾上特製的橄欖醬，超人氣雞湯果真是名不虛傳。

　　在仙湖休閒農場裡，一年四季也都是採果賞花好時節，初春時，龍眼花繽紛綻放，盛夏正值荔枝、龍眼採果期，秋冬交替時，柑橘、柳丁緊接著輪番上陣，還有咖啡飄香整座山頭，令人流連忘返。

主廚推薦美味招牌菜

◀田園沙拉
阿嬤的蔬菜加上南瓜調製的沙拉醬，搭配麵包的西式吃法創意十足。

▶龍吐珠
獨創的龍眼肉包花生吃法，QQ的好口感讓人停不了口。

◀橄欖熬煮葉養生雞湯
以橄欖熬煮高湯，並汆燙野菜，沾上自製橄欖醬，風味一絕。

千霞園
溫泉養生軒

秘境泡湯享受原味有機蔬食

千霞園溫泉養生軒 　山林中

價位：三菜一湯600元起
地址：台南市白河區六溪里六重溪123號
電話：06-6842123

六重溪，這個以平埔族為主的小聚落，當地屬於溫泉地，昔日只有權貴大官才能居住於此，千霞園正好座落在溫泉源頭上，但主人家卻不刻意大興土木，在這裡過著自給自足、知足常樂的生活。

深處於白河六重溪的叢山峻嶺之間，一路上途經蜿蜒狹小的山徑，循著指標引導下，千霞園溫泉養生軒乍現眼前，才教人驚嘆這一處與世隔絕的世外桃源。其實千霞園所在地不僅是六重溪最深處，同時也是當地溫泉的源頭。有別於關仔嶺的泥漿溫泉，六重溪溫泉屬於碳酸氫鈉泉，水質澄淨不混濁，卻仍帶有溫泉沙粒，且會散發一股淡淡的天然香味，以往都是熟門熟路的玩家才知道的好所在，更被列為「不能說的秘密景點」。

這座山頭僅僅住著一戶人家，潘高嘉和蘇翠吟夫妻倆性格敦厚又純樸，平常照顧著山上菜園和果園，為了準備料理給預約的客人，千霞園女主人蘇翠吟帶著我們前往菜園，不同於一般星羅棋布的田作，這一片菜園自然又分散，這裡拔一些紅蘿蔔，那種種了高麗菜、莧菜，依據不同時節採收新鮮蔬菜，蘇翠吟笑說自己的口頭禪就是「青菜底家啦」。

（左上）日治時期曾是柚木林地，歷史悠久，當時唯有權貴大官才能居住此地。（左下）各種野菜都在自家種植的菜園裡可以找到，現摘現煮保證新鮮。（右）一家人自給自足，不使用農藥、採取有機種植，自然落果孕育著土壤養分，取之於大地，用之於大地，讓人看見生態運用自然的最佳範例。

季節限定！私房美食呷健康

　　然後繼續往山邊坡的路上還有各種各類的果樹，春天樹葡萄、波羅蜜結實纍纍，夏天火龍果紅似火，竹筍更是夏天季節限定的私房美食，麻竹筍、綠竹筍各有吃法，櫃台上還販售自製加工的脆筍，纖維口感好，可用來煮脆筍湯、滷竹筍，每回一推出，經常被搶購一空。

　　千霞園僅供應有機蔬菜養生素食餐，南瓜八寶飯、南瓜風味高麗菜完全原味蒸食，品嚐山產南瓜的自然甜味，現採過貓搭配日本和風醬及蔓越莓乾，是道酸甜開胃小菜，即便是簡單的素肉鬆，以菜酥、香菇和紅蘿蔔搭配而成，絕無人造加工品，每一樣都是山林裡的初始原味饗宴，至於泡湯的客人一定不能錯過冬天養生藥膳火鍋，清爽的藥膳湯底氽燙四季蔬菜，健康又養生。

　　來到千霞園時，不妨放慢步調，先去步道散散步，呼吸最純淨的山林芬多精，徜徉在露天溫泉風呂，盡情地享受大自然洗禮，此時再沖一壺養生茶，或者伴著夕陽，喝一杯高山咖啡，人生至此，真是夫復何求！

主廚推薦美味招牌菜

◀生菜沙拉
花椰菜、番茄新鮮吃，少了熱量，多了窈窕。

▶和風過貓
現採的過貓淋上日本和風醬，搭配蔓越梅乾，微酸口感很爽口。

◀素肉鬆
香菇和紅蘿蔔氽燙後，灑上菜酥，是一道很入味的清粥小菜。

阿財土雞屋

俗擱有味的隱藏版土雞料理

阿財土雞屋

價位：依合菜需求而定，鹽焗雞一隻750元
地址：台南市關廟區中正路547號
電話：06-5954740

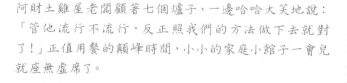

山林中

阿財土雞屋老闆顧著七個爐子，一邊哈哈大笑地說：「管他流行不流行，反正照我們的方法做下去就對了！」正值用餐的顛峰時間，小小的家庭小館子一會兒就座無虛席了。

「土雞城就是要夠土、夠粗魯，才夠味道！」老闆這麼直爽形容自己的店。走進阿財土雞屋，林邱梁老闆兼大廚，一個人專注在廚房忙碌著，聲若洪鐘，熱情好客的性格表露無遺。

阿財土雞屋開店三十多年來，座上賓可是冠蓋雲集，店裡沒有冷氣，老主顧還是照舊上門，不免好奇問道「為何不裝冷氣呢？」老闆表示，因為土雞料理全使用鐵製鍋具，一旦從高溫的廚房進到冷氣房，鐵鍋熱脹冷縮，土雞肉質收縮就會「走味」，所以即便夏日暑氣逼人，老闆仍舊堅持擇善固執。

除了沒冷氣，阿財土雞屋也是一間「無菜單餐廳」，蒜頭雞、三杯雞、鹽焗雞、筍絞雞、麻油雞、筍絲雞、香菇雞、鳳梨苦瓜雞、燒酒雞各式各樣土雞料理，完全採取溫體放山雞現點現殺，作法費時的鹽焗雞則要事先預約，每年四月至十一月關廟竹筍盛產期才吃得到的筍絞雞，也是季節限定的招牌美味喔！

（左）隱藏版土雞屋美食，阿財土雞屋是傳聞中的無菜單餐廳，凡是吃過的老主顧有口皆碑。（右上）有別於坊間先炸再炒及放入九層塔的作法，未經油炸的雞肉保留了彈Q的鮮嫩度。（右下）三杯雞香氣十足，香嫩的雞肉完全入味，不僅很下飯，還可以利用鍋底的雞油湯拌麵線。

雞肉鮮嫩超澎湃大快朵頤

香氣逼人的三杯雞一端上桌，令人口水直流，有別於坊間先炸再炒及放入九層塔的作法，老闆將薑片、青蔥、辣椒、蒜頭和炒過的雞肉一起放入鐵鍋裡燜入味，雞肉更鮮肥肉嫩，被形容是土雞料理的鐵板燒極品，還可將鍋底的雞油湯拌麵線，回味無窮。

阿財土雞料理樣樣真材實料夠份量，蒜頭雞塞入滿滿的蒜頭，快鍋燜熟約四十分鐘，開鍋時雞湯香撲鼻而來；燒酒雞以純米酒煮成，完全不加一滴水的香醇滋味，冬天祛寒最熱賣；鹽焗雞以鹽鋪底高溫燜燒，且要精選雞肉肥腴適中；鳳梨苦瓜雞則是以關廟鳳梨釀製的鳳梨醬為湯底，加入大塊苦瓜一起熬煮，整鍋雞湯看起來氣派十足。

老店的味道從老店的食材即可一窺端倪，三十多年的養雞農所供應放山雞，關廟地區特選的竹筍、鳳梨、過貓、苦瓜，雖然沒有上百道菜色，但所有料理都是媽媽的家常菜，辣椒醬更是店家的秘密武器，口感獨特、香而不辣，但老闆堅持不透露作法，也不外賣喔。

主廚推薦美味招牌菜

◀鹽焗雞
完全以鹽鋪底高溫燜燒，歷時一小時的高溫保留住雞肉鮮美度，比吃手扒雞更過癮。

▶鳳梨苦瓜雞
以關廟鳳梨釀製的鳳梨醬為湯底，加入大塊苦瓜一起熬煮，湯頭清爽甘美。

◀涼拌過貓
炎炎夏日吃涼拌過貓很開胃，尤其大份量非常物超所值。

南方部落

來一桌原味十足部落混搭美食

南方部落

價位：雙人套餐599元
地址：屏東縣牡丹鄉石門村2鄰石門路1-16號
電話：08-8831277

山林中

（左）將用柴火燒烤四小時左右的高溫麥飯石，直接放入用檳榔葉做成的火鍋湯中，就能將湯裡的食物煮熟，是傳統阿美族的吃法。（右上）撿拾山裡的石頭做為讓客人留言的「卡片」，寫完後就直接鑲在牆面上，形成一面極有特色的石頭留言牆。（右下）顛覆一般人對於部落餐廳的刻板印象，南方部落裡隨處可看到美麗的花卉與植栽，處處能看見主人的用心佈置。

踏進牡丹部落，直覺讓人想起美艷綻放的牡丹花，瀰漫一股溫柔氣味。如果從旭海的方向過來，沿途會經過崁上傳統排灣族圖騰的牡丹大橋，赭紅色的巨大橋身，展現出排灣族人的勇猛氣魄。鐵漢加柔情，專屬於南方部落的雙重風味。

從台東嫁到屏東牡丹鄉排灣部落的李姐，本身是阿美族人。相較於排灣族剽悍的民族性，流著溫柔血液的她，選擇在一處安靜的小山坡上，望著牡丹部落的山與樹，獨自升起柴火，烹煮著融合阿美與排灣特色的混搭美味。

「我還記得小時候全家一起吃飯的樣子，也喜歡看媽媽做菜，慢慢也開始在廚房裡幫忙。」從廚房裡的小幫手，轉變成今天獨當一面的料理好手，李姐始終樂於在廚房忙碌的時光。廚藝是後天學習的，美感倒是來自天生，來到南方部落餐廳，看見經過修飾和佈置的庭園，就能感受李姐的用心和美感。

在美麗的環境裡做菜是幸福的事，不只如此，這裡用的蔬菜都是自己婆婆親手栽種，客人可以吃到每天現採還帶有露水的野菜，真是極度奢華的幸福！菜園的位置離餐廳有段距離，藏身在不起眼的山坡邊，靠著婆婆的用心照料，才能讓客人吃到最在地的味道。食材生長於在地排灣族的土地，廚具和手藝可是來自台東阿美家鄉。利用造型特殊的阿美族傳統蒸籠煮米，搭配檳榔葉做成的便當盒和各式菜肉，是李姐想念家鄉食物而做的傳統便當，一打開，就聞得到阿美族的百分百原味。

原住民部落很懂得善用資源，跟都市人比較起來，似乎還更環保些。除了利用在地食材做出道地的原住民料理外，李姐開始把台東家鄉的味道帶入牡丹，其中這個「檳榔葉便當」，就是善用過剩的檳榔葉做成便當盒，別說沒用保麗龍，連紙盒都省了，十分響應環保呢！

阿美族檳榔葉便當
風味絕佳

　　煮米是用柴火搭配傳統蒸籠來炊熟，木柴都是來自山裡自然枯折的斷木。石板烤肉，也是用柴火慢慢溫烤，盡量不用瓦斯烹煮，還能為食物增添木材香味。李姐喜歡這種與土地直接互動的關係，有什麼就用什麼，尊重自然才懂得真正美味。

　　便當裡的菜色十分豐富，大塊厚切的石板烤肉讓人口水直流，黃澄澄的南瓜來自婆婆的菜園，加上自己曬製的梅干菜和獨創泰式洋蔥卷，搭配疊得滿滿的香噴噴米飯，誠意十足。不管在什麼環境打開便當，頓時飄散出來的飯菜香，都讓人開始想起李姐做便當時的開心表情。

　　南方部落用餐空間有室內和室外區，貼心設計的大面開窗，就算坐在室內也能欣賞窗外美麗山景。坐在舒適又有好景的空間享受部落美食，茂密而深邃的山林都成了為食物添色加分的調味。除了品嚐檳榔葉便當外，更不能錯過李姐整桌的拿手好菜，從傳統其那富、炒白鳳菜、涼拌藤心，一路吃到珍貴的石頭火鍋，有排灣食物也有阿美佳餚，口感相互交疊，展現出融合兩個部落的多重美味。另外結合車城當地生產的洋蔥，做出好吃的泰式洋蔥卷，更是來到南方部落不能錯過的創意美食。

主廚推薦美味招牌菜

◀涼拌藤心
藤心採自於山上野生的黃藤樹,取其樹幹最裡部的軟嫩部分。用水蒸熟後,加點美乃滋一起食用味道更棒。

▶石板烤肉
將大石板放在柴火上直接烤肉,作風十分狂野,肉須事先用香料醃製才能入味,烤熟後肉和香料的氣味撲鼻而來。

◀其那富(小米粽)
融合小米和白米做成的其那富,裡頭還放有豬肉、蔥末和酸漿葉菜,用蘆葦包起來蒸熟就是道地的部落食物。

{ 排灣族+阿美族傳統部落佳餚 }

▲石板烤肉
石板烤肉是排灣族人的傳統食物,燒烤前要先在石板上塗上食用油,避免高溫造成時龜裂,烤出來的肉風味絕佳。

▲傳統蒸籠煮米
這只蒸籠是傳統阿美族人使用的炊具,造型十分特別,煮出來的米會有獨特的木香味,吃起來更香甜好吃。

▲手做檳榔葉便當盒
採自於當地面積較大的檳榔葉,摺成長方容器狀後,再用棉繩穿綁固定,最後附上另一片長方檳榔葉當蓋子便大功告成。

大象山藥膳園

藥草入膳，自然美味零負擔

田野間

大象山藥膳園
價位：視人數而計量的合菜，客人隨喜付費
地址：高雄市旗山區東平里義民巷19號
電話：07-6613991、0932-722-694 黃山高

（左上）老闆將「須預訂的菜單」書寫在紙傘上，創意又美意。（左下）精通客語、國語、台語的黃老闆，捲袖下廚，料理使人歡欣；振筆書寫，作品令人激賞，獲獎無數，可謂精彩人生。（右）大象山藥膳園不僅是藥膳餐廳，更是一座藥草植物園，完全以自然農法栽種，生態因而豐富，鳥類、昆蟲、青蛙等生機盎然。黃老闆表示，作物不施農藥，雖引來蟲咬，但自然界會取得平衡，毋須擔心！

大象山，山下有座褒忠義民廟，許多人會以為此地是美濃，一旁的農田作物隨著節令而變化，有時雜作，有時菸葉，不時也傳來柴燒炊煙的氣味。地處旗山和美濃交界的小聚落相當安靜，來到這兒不妨將車窗搖下，最好是租台單車，踏輪前來，呼吸之間，充份感受鄉村的氣息。

「沒錯！旗尾山就是大象山！」老闆黃山高笑著回答。「從旗山或旗楠公路一帶望過來，有如旗旗相連，旗山人都叫旗尾山，從美濃福安的方向看來，則像是隻巨象臥伏，美濃人稱大象山。」這還真是有趣，然而，來到了大象山藥膳園，站在山腳下仰望大象山，又是不同的視覺感受。

餐廳一旁緊臨著一棟民宅，堂號「江夏堂」，很明顯是主人的住家。黃山高伉儷皆為客家人，先生來自苗栗，太太則是「留美」－留在美濃的在地人，黃老闆風趣、熱情，太太有著客家女性的特質：內斂而嫻淑，兩人還有個共同點，都是旗美地區的在地記者。餐廳主要由先生掌廚，這位身懷十八般武藝的餐廳老闆，有著多重身份，其中，擅長

寫作，屢獲各種文學獎，是高雄文學館的駐館作家，至於開餐廳，這一路的轉折可又是有趣的故事。

黃老闆的祖父是位中醫師，小時候即傳承了祖父的藥草、藥理知識。家裡前後院種植的各種藥草，有如藥草植物園。黃老闆最初在旗美社區大學教授文學，將旗山、美濃的文學底蘊一脈相傳，後來為提倡健康，改開「有機藥草種植與健康飲食班」，復因學生只學理論，不知應用，遂教藥膳料理，以藥草為理論，以膳食料理的方式，來活用藥草食材，達到健康養生的功效。教了藥膳之後，朋友、學生的家人等不約而同請黃老闆開餐廳，以便隨時偕同家人、朋友來吃，於是，被推著走的「大象山藥膳餐廳」一開就是10年了。

無毒栽種，
順著節令而吃的無菜單料理

　　一開店，生意就非常好，剛開始黃老闆請專業廚師來掌廚，自己和太太負責招呼客人，但廚師總是煮不出藥膳的特性和口感，換了好幾位，最後還是自己來，但由於有時備菜費工，自我要求極高的黃老闆不想為此影響品質，因此，每天有限定的桌數，如此才能確保最佳的服務品質。

　　說藥草，不免太沉重，只是黃老闆懂中醫，通藥理，加上好廚藝，將菜的特性發揮的淋漓盡致。而絕大部份的菜和藥材，大象山藥膳園都自己種，如枸杞、蘆薈、巴參等，完全無毒栽種，更絕妙的是，還自製醬油、味噌。黃老闆說，祖先所種植的菜都不施農藥，對於環境、人體都健康，不像現在，民以食為天，吃了卻產生毒素，產生危害，癌症和各種文明病的叢生不是沒有原因的。

　　有些藥草煮熟後有特別的氣味，因此，開了藥膳餐廳後，就很會搭配不同海鮮、肉類食材，或配料來提味或壓味，總共研發了２００餘道的料理，每一道都令人讚不絕口，驚喜十足。另外，這裡是無菜單的，不同的季節，有不同的植物生長，順著節令而吃，黃老闆會建議或端出最美味的料理組合，也就是合菜。享受自然、美味、無負擔的用餐時光，就來大象山！

主廚推薦美味招牌菜

◀半天筍炒龍片
龍片是一種魚的魚腹肉，經過薄切，炒熟之後，完全沒有魚的腥味，口感不輸松阪豬，令人稱奇。

▶台灣水鹿
台灣水鹿是台灣特有種，在美濃、杉林等地獲准圈養、料理，但野生的台灣水鹿仍屬於保育類，不得捕殺。台灣水鹿在黃老闆的妙手烹煮下，肉質鮮嫩，嘗起來有如燉牛肉。

◀有機山蘇LP貝
採摘自家後院的有機山蘇，和LP貝現炒上桌，色調的搭配，相互的提味，絕對是別家吃不到的菜色和風味。

{ 無毒栽種，有機山蘇LP貝製作5步驟 }

◀將LP貝洗淨
LP貝是一種貝類的名稱，市面上很少見，外型獨特，口感像鮑魚般的Q彈。老闆娘笑說，每次這道菜煮好，都叫老闆上菜，她都不好意思說菜名。

◀所有的佐料備好
幾乎所有的佐料，包括醬油、沙茶醬都是自己製作，枸杞是自己種的，完全都不含化學成份，無農藥。

◀加入沙茶、胡椒粉酌量加入，可使海鮮去腥，香氣更佳。

▲加入枸杞
自種的枸杞完全不用擔心染色和農藥的問題。最後調味的LP貝和洗淨的山蘇下鍋大火快炒，不久即起鍋，以免口感過老。

◀加入自製醬油
自製的醬油反而不若市售的醬油那般黑。

尋秘桑田
香草花園裡品嚐美味桑椹料理

尋秘桑田　　田野間

價位：每人消費約300元
地址：台南市下營區中山路一段476巷內
電話：06- 6893281

尋秘桑田靜靜地座落於寧靜的下營鄉間，推開木樁圍籬，一眼望去香草與果樹，彷彿交織出一座世外桃源般的植物園，初春時節是長果桑椹結果期，趁著春暖花開時，最適合一趟春天小旅行。

鄭慶凰綽號大雄，因長得和小叮噹的主角大雄神似，有如卡通主角的憨厚特質，在他身上自然而然散發出農家子弟的純真性情。六十一年次的他在台北打拚多年，六年前決定回到台南下營老家，「我要的是一座花園，就這麼單純的想法與夢想。」

一開始父親著手規劃觀光果園，引進長條形的桑椹品種，提供遊客採果，後來大雄親手開墾打造香草園也開放遊客參觀，並和一群留鄉或返鄉的青壯輩農場第二代共同組織「下營鄉觀光農園區」套裝遊程，2011年他更發起組成了友善大地有機聯盟。

堅持尊重自然、追求有機的理念，農場四季可以品嚐到不同的蔬果，與桑椹輪種的植物有番茄、玉米、高麗菜、大頭菜、花椰菜和各式葉菜，當然還有紫蘇、迷迭香、薰衣草、羅勒、九層塔、香茅、檸檬香蜂草等香草植物。「我要打造一座以自然為師的美麗花園！」大雄時時勉勵自己莫忘初衷。

（左）坐在搖椅上，吹送涼爽清風，享受難得的悠閒情趣。（右上）長果桑椹形狀獨特，紫金蜜桑一進入產期，完全就是熟透的甜度。（右下）可愛童趣的指標，由果園主人自行搭建的尋秘桑田，處處充滿巧思。

在地取材讓桑椹變身創意伴手禮

　　尋秘桑田原本就是一片桑椹果園，而且是坊間少見的長果桑椹，由於相較一般桑椹果型更大、甜度更高，所以被園主人取名為「紫金蜜桑」，每年四月是長果桑椹的結果期，初春時節開放入園採果，園主人還研發各種桑椹料理，招牌的桑椹紅酒香草烤雞以桑椹紅酒浸泡，並於雞腹中塞入新鮮香草，再以龍眼木炭烘烤而成，烤雞帶著淡淡燻木香氣，皮香肉嫩，汁甜味美；新推出的桑椹香腸看似傳統卻風味不凡，以新鮮桑椹紅酒與溫體豬肉調味而成，愈咀嚼愈入味，而且略帶果香口味深受歡迎。

　　由於園主人堅持在地取材的理念，店裡的人氣火鍋皆以新鮮蔬果熬製湯底，番茄火鍋以新鮮番茄為基底，酸甜滋味挑動著味蕾，牛奶火鍋則是結合下營當地酪農「田莊牧場」，每日以新鮮牛奶熬煮而成，入口時滿口濃醇奶香，香甜可口的桑椹乳酪蛋糕除了以自家桑椹為素材之外，佐以在地新鮮雞蛋，純手工烘焙的紮實口感，完全傳遞出鄉下人家最真誠的人情味。

主廚推薦美味招牌菜

◀番茄鍋燒麵
天然不含味素的湯頭，加上番茄調味，有著不簡單的美味。

▶牛奶火鍋
取用下營當地田莊牧場的新鮮牛乳，以及天然健康的蔬果高湯，湯頭香醇，愈喝愈順口。

◀番茄肉醬義大利麵
加入新鮮番茄，和現點現做的紅肉醬，令人食指大動。

巧匠舞音
台灣鯛

大啖特金牌頂級台灣鯛創意料理

巧匠舞音台灣鯛 田野間

價位：每人消費約300元
地址：台南市官田區隆田里中山路二段207號
電話：06-5790606

巧匠舞音台灣鯛，幕後推手就是出身麻豆在地的魚塭之子李宗銘，從回到故鄉接手父親的魚塭，並花光所有積蓄，研發出無土味的台灣鯛，台灣鯛料理達人的封號果真名不虛傳。

原本是來採訪台灣鯛，誰知一到葫蘆埤的巧匠舞音，老闆李宗銘卻先帶著我們看了十月小人蔘，「這是窮人家的小人蔘。」為了幫助農民創造收益，李宗銘不僅大費周章地收購農地，每年十月栽種的小紅蘿蔔，翌年二月才能採收，然後還要幫小蘿蔔做SPA，一口咬下梅醋紅蘿蔔，果真令人愛不釋口，「把別人不要的東西，創造出更高的價值。」這就是李宗銘。

兩年前，巧匠舞音進駐葫蘆埤，但在這之前，李宗銘一個人棲身在麻豆的魚塭工寮，七年來，他將荒地整理成為一窪窪有機魚池，為了讓自然資源生態循環，他也利用抽取魚塭水灌溉魚池周邊的香草庭園，散步其間時時飄來陣陣薄荷清香。

頂著2008年迎奧運國際美食藝術大賽特金牌的頭銜，每每在受邀演講、研發創意料理的緊湊忙碌之餘，總會回到魚塭，陶醉在屬於自己一片天的田園之樂。

（左）靜置漁網，以緩慢速度靠近漁網，切勿驚擾到魚群。（右上）藥膳鯛魚鍋完全以蔬菜和台灣鯛的組合，鮮魚湯頭鮮醇而甘美。（右下）十月小人蔘爽脆好口感，梅醋紅蘿蔔從採收到洗製，全都得以人工完成。

無用藥養殖，健康又美味

巧匠舞音台灣鯛通過全球第一產銷履歷雙認證，堅持無用藥養殖方式，挑選健康魚苗放養，採用天然安全的原料，層層把關，也因此頂級台灣鯛的養成時間平均需歷時十個月，每尾重量達2斤以上，多年來行銷日本和歐盟，可說是名揚國際的台灣之光。

為了廣泛結合地方特產，台灣鯛創意料理風味餐不僅能品嚐到傳統家鄉味，更曾被指定為總統宴會料理，鎮店鹽焗台灣鯛是絕不可錯過的首選美食，以粗鹽炒熱燜熟海鮮，保留了鯛魚原汁原味的好口感，就連老外嚐鮮都忍不住拍案叫絕。香酥爽口的「總統宴黃金魚」，酥脆的鯛魚片內藏鮮嫩多汁的美味，加上酸酸甜甜的淋醬，大人小孩都忍不住多吃幾碗飯！

台南山區盛產的破布子也是烹調入菜的一大美味，玉珠油蔥鯛以豆腐鋪底清蒸，破布子配上油蔥酥的鹹香味，清爽又開胃；味噌鯛魚鍋採用各種當地種植的有機菇類和玉米蔬菜，是道結合社區發展產物的南瀛創意風味。巧匠舞音台灣鯛以在地家鄉味，令味蕾挑剔的老饕們回味再三。

主廚推薦美味招牌菜

◀鯛魚麵線
以自家純黑麻油調味的麵線香滑順口，加上鯛魚肉口味一級棒。

▶鯛魚白菜滷
鄉下媽媽的家常菜，加上鯛魚後，反而成為一道創意料理。

◀台灣鯛魚肉燥飯
完全顛覆傳統口味，魚片乾炸再滷兩天，令人驚艷的美味。

阿舊火鍋

安心吃無毒健康古早味土雞料理

阿舊火鍋

價位：每人消費約 300元
地址：台南市東區裕農路390號
電話：06-2359883

巷弄內

（左）高純種台灣土雞，要五個月才會長大喔！（右上）老闆熱愛收藏古董民藝和裝置藝術，店內流露出一股濃濃的懷舊風情。（右下）彈珠台，小時候香腸攤的小遊戲，一起來玩玩看吧！

多數人想吃土雞料理，直覺想到都是山上的土雞城，但位在市區的阿舊火鍋卻是許多巷仔內老饕首選的去處，原來老闆可是大費周章地自己養雞，每天從自家農場供應新鮮現宰的台灣土雞，難怪老客人都會特別叮嚀，「先預約，免得呷嘸喔！」

阿舊火鍋的土雞料理全由自家農場所供應，於是在農場主人李泰山帶路下，實地走訪位在極偏僻郊區的阿舊農場，為了維護有機飼養環境，李泰山特別再三叮嚀「農場位址不能曝光」，此舉著實令人留下了深刻印象。

李泰山出身農家子弟，談吐之間有著幾分草根性格，父親李錦章十三歲開始務農，家裡種的是玉米、高麗菜、芒果之類的蔬果，但李泰山卻選擇另闢養雞事業，而且一做就是十年光景，草創初期免不了歷經摸索的陣痛期，無數次失敗才得以換來最佳的飼養方式。

走進阿舊農場裡，聞不到一般養雞場糞味，也看不到圈養的雞籠，李泰山自豪地解釋，因為這裡採取自然放牧飼養，只要打開閘門，雞群就可以跑出來，而且還會放音樂給小雞聽，平日以雞舍為家的李泰山可說是用心良苦。

至於好吃的土雞料理，除了雞肉本身之外，當然也少不了掌廚的幕後推手，李泰山笑稱：「我們是男主外、女主內，我負責養雞，餐廳料理就全由太太一手打點。」純雞料理是阿舊火鍋的招牌特色，小火熬煮三小時的高湯就是精華所在，再加上三十年樹齡的茄苳樹葉燜烤的桶仔雞、夏秋產期才吃得到的鮮筍雞，每道土雞可都是爐火純青的真材實料呢！

進補一般講究的是藥膳食材或養生配方，但阿舊火鍋卻是以強調自家雞肉為特色。原來除了阿舊火鍋，老闆李泰山還擁有阿舊農場，店裡的雞肉料理全部都是出自這個自然放牧雞場。

自然放牧土雞
有機時蔬呷健康

　　老闆堅持採用古早放牧方式飼養土雞，除了選用高純種台灣土雞，並以有機配方飼料餵食，絕無施打抗生素和成長激素，需時至少五個月。但也因為講究天然有機的獨特飼養手法，使得阿舊農場的土雞不只皮薄、肉質特別鮮美，並且以具有低脂肪、低膽固醇等健康含量，獲得財團法人中央畜產會檢驗為優良品牌。

　　招牌的土雞料理包括鹽焗雞、燒酒雞、三杯雞、白斬雞、蔥油雞、麻油雞、香菇雞、筍絲雞、鳳梨苦瓜雞、桶仔雞等，麻油雞是店內美食榜首。阿舊火鍋口味選擇也非常多樣，汕頭火鍋、味噌豆腐鍋、山藥養生鍋、牛奶南瓜鍋全都讓人讚不絕口。

　　另外，阿舊農場也採用有機施肥耕種無毒新鮮蔬果，土雞和時蔬都是每天限量賣完即收工，所以來店用餐需事先預約，此外老闆也提供每月可固定外送拜拜用雞，以及代客飼養月子雞等服務。

　　有了阿舊農場自家有機種植、飼養的每日限量食材，阿舊火鍋系列招牌土雞料理，美味自然不在話下，配上幾盤風味小炒，就是行家來到阿舊的內行選擇。像是「腸中腸」這道老闆手工私房菜，吃的時候沾上些許胡椒鹽，非常對味。

主廚推薦美味招牌菜

◀腸中腸
老闆娘的手工私房菜，滷香入味。

▶菜脯蛋
有阿嬤味道的古早味菜餔，老少咸宜。

◀鮮筍雞
當令季節的新鮮竹筍熬煮鮮雞湯，湯頭鮮甜，竹筍口感更爽脆。

【 產地直送，吃得到道地鄉土味 】

◀自製脆筍片
鄉下阿嬤的私房菜，炒蒜頭辣椒後，很下飯。

▶麻竹筍
每年四月到秋天才吃得到的新鮮竹筍。

◀南瓜
田寮老家自種的南瓜，是牛奶南瓜鍋的靈魂所在。

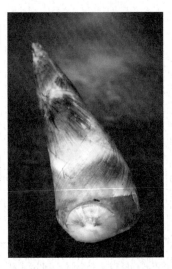

▲野生山藥
有別於一般山藥外型，野生山藥養生鍋可遇不渴求。毋須加太多冰塊，薄荷即產生自然的清涼感。

鵪鶉鹹派

窩在老屋裡慢食手工現烤鹹派

鵪鶉鹹派 　　　　　　　　巷弄內

價位：每人消費約 200元
地址：台南市中西區府前路一段126號
電話：06- 2282038

（左）老屋改建的鵪鶉鹹派是一間淨白色的小餐館。（右上）門口鳥籠裡的鵪鶉，和店名相呼應。（右下）Claire貼心小語都寫在小黑板上喔！

近來台南老屋欣力話題中，鵪鶉鹹派頗具人氣，但鹹派主人仍保持一貫低調性格，且堅持專注於美食的分享，也許找一天讓自己放個假，來到店裡享受悠閒的早午餐，除了迷人的老屋空間，這裡的手工鹹派絕對會令你深深地記住這股香濃的味道。

時下流行的早午餐風潮也吹到了台南，尤其在台南又以迷你小店老屋為特色，鵪鶉鹹派在這一波早午餐潮流中，人氣和口碑可說是名實相符。白色的門面在一整排街屋中，顯得低調且不顯眼，屋內的白牆就像是一座小小美術館，提供年輕藝術家交流佈展的空間，不論鹹派食材走慢食風，或者老屋再造創新空間，頗有近來崛起的文青路線風采。

這是一家專賣鹹派的咖啡館，分享的是好吃的食物和悠閒時光，所以Claire並不希望客人是以朝聖老屋的心態而來，可看出Claire對這家店注入的心思和對於美食的堅持。

餐飲科班出身的Claire廚藝紮實，剛出道時還受過高雄知名 Pasadena法式餐廳廚藝總監簡天才指導和訓練，並任職於五星級飯店等資歷，難怪店裡不乏老字號咖啡館和精品咖啡聞人常客，就連法國人吃過鵪鶉鹹派也都以「家鄉味」形容和讚賞，Claire俏皮地透露：「這裡偶爾也有隱藏版菜單，不過既然是隱藏版，當然就是看老闆心情來決定推薦給客人囉！」

鵪鶉鹹派分享的是優閒的輕食生活，現作現烤的烤鹹派需時約三十分鐘，等候的時間可以輕輕鬆鬆的與好友閒聊，或是拿本雜誌享受老屋營造出的閒適氛圍，轉眼間期待已久的鹹派就上桌了，手工捏製的派皮烤得香酥紮實，內餡共有培根菠菜蘑菇、野菇雞肉、鮭魚蒔蘿、番茄莫札瑞拉乳酪、洋蔥鯷魚、腐乳秋葵等六種口味。

全天候供應
鹹派鹹粥早午餐

　　培根菠菜蘑菇柔順的蛋液包裹著軟嫩的菠菜及蘑菇，味道口感極佳；洋蔥鰻魚則適合口味重的食客，是道地的歐洲風味；番茄莫札瑞拉乳酪香濃的起司與酸甜的番茄，深受大人小孩的喜愛；限量供應的鮭魚蒔蘿，鮮嫩的鮭魚帶著時蘿的香氣，搭配著滑順的蛋汁，讓人欲罷不能。套餐還包含濃湯、沙拉及飯後飲料，濃湯會隨季節及食材變化，相當濃醇順口，沙拉則每日挑選新鮮的生菜，搭配醃漬過的蓮藕片，灑上花生腰果等堅果增加口感，最後淋上特製的沙拉醬，清爽又開胃，餐後來一杯香醇的咖啡或茶品，為這美好的一餐畫下完美的句點。

　　除了招牌鹹派套餐，鵪鶉鹹派的早午餐還有其他選擇，在週一到週五販售的快速早餐由T55麵包、溏心土雞蛋等精選食材組成，T55麵包由法國頂級的奶油與麵粉手工製作，週六、日提供的假日早餐，口感紮實的鹹蛋糕，是平時少見的糕點。另外，為了讓客人體會台南獨特的早餐飲食文化，Claire每天限量供應招牌的鹹粥套餐，以干貝熬煮的高湯清爽甘美，簡單的加入白米、蕈菇和雞肉，一碗好粥就大功告成，再搭配獨家自製的各式古早味小菜，每一口都令人回味無窮。

主廚推薦美味招牌菜

◀濃湯
隨季節及食材變化口味，有時是南瓜濃湯，有時是豆泥濃湯，都相當濃醇順口。

▶法式栗子蛋糕
蛋糕口感香濃綿密，需三天前預定。

◀鹹粥
以干貝熬煮的高湯清爽甘美，簡單的加入白米、蕈菇和雞肉，以及Claire手工自製的醬瓜，湯鮮爽口。

{ **現作現烤，派皮香酥餡料紮實** }

▲打麵糊
將雞蛋、牛奶放進麵粉和泡打粉中攪拌。

▲製作鹹派造型
麵糊裹在模具上，派皮整邊修飾。

▲放入食材
依照口味放入洋蔥、鯷魚等食材餡料。

▲倒入蛋汁
以獨家比例配方倒入蛋奶液。

▲現烤等待三十分鐘
現烤鹹派等候時間約三十分鐘。

延齡堂－酸菜老爺的店

一吃上癮純手工高粱酸白菜飄香

延齡堂－酸菜老爺的店

價位：每人消費約 300元
地址：台南市北區富北街50號
電話：06- 2210110

巷弄內

（左）延齡堂有數十種私房佳釀養生醋飲和家傳調味伴手禮。（右上）獅子頭丸子，自製川丸子口味道地，尤其搭配天山百草鍋更是極品美味。（右下）延齡堂推出吳超群大師駿馬畫作帆布包，有一馬當先的喜氣之意。

現代人對吃極為講究養生之道，但在台南的延齡堂，其實早在十年前就專注於研發養生醋飲，聽聞老闆是知名水墨畫名家，但原來酸菜老爺的名號更響亮，正所謂愛美的事物，追求美食，天下才子皆一般。

說起話來字正腔圓，祖籍安徽太和的延齡堂老闆吳瑞麟仍帶著些許皖北口音，父親是畫馬名家吳超群，從小受父親耳濡目染之下，吳瑞麟本身也是水墨人物知名畫家，豐厚的美學涵養也孕育在他對於美食的熱愛。

吳瑞麟成長於安平履鋒東村，號稱延齡堂秘密武器的蒜蓉辣椒就是吳奶奶的家傳醬料，吳瑞麟坦言被母親訓練出一張「很叼」的嘴，加上自己愛吃、也懂吃，平時喜歡下廚做料理，所以高粱酸白菜竟是無師自通，獨創出的特殊食材，國學素養深厚的他還特地寫下了一篇〈高粱酸白菜賦〉，文中提到「其蔬宜芥宜菘，其法烹煮並美，其香透胸達腧，其湯醒酒解勞，真世間未有之奇味也。」從此被朋友饕客取了「酸菜老爺」的別號。

有別於大陸東北酸白菜僅以鹽巴發酵，吳瑞麟在製作過程中，加入高粱發酵，每個步驟堅持古法純手工，三斤白菜用量卻只有一斤酸白菜製成品，延齡堂得力助手的老闆娘陳淑娟笑稱：「純手工製作高粱酸白菜真是傻瓜才做的事。」但也因為擇善固執，延齡堂得以屹立十年之久，甚至深獲五星級飯店主廚大力推薦，並加以傳授釀蒜燜豬肉、鮮魚湯、燉全雞以及雲貴雪菜蒸魚等經典名菜食譜，原本遙不可及的宮廷御膳美食彷彿呈現在眼前，令人回味無窮。

坊間常見的冬令進補聖品不稀奇，延齡堂獨家口味的蒜頭釀，以及純手工釀造的高粱酸白菜鍋，行家首選的私房美食絕對是冬天最溫暖的好味道。

獨家釀蒜頭鍋湯頭
香醇鮮美

　　高粱酸菜是延齡堂主吳瑞麟夫婦所獨創的食材,出身中醫世家,原本就有深厚的家學淵源,他利用高粱發酵成酒醪後,再與各式蔬菜混合酸化,獨特的酸香能提神醒脾、去油解膩。店內所有火鍋湯頭的酸味絕不添加工業酸味劑和市售醋品,堅持以自製食材熬煮的湯底,入口酸香甘潤。

　　談到冬天最適合的特色火鍋,一定不能錯過高粱酸菜系列的蒜頭釀,高粱酒醪和蒜頭、香料等混合酸化,慢火醞釀的火鍋湯頭酸純香潤,吳瑞麟建議搭配雞肉或魚頭品嚐,最能發揮湯色美味,冬天還有烏魚鍋口味,但須提早一天預定。

　　酸菜老爺特製火鍋共有高粱酸白菜鍋、釀蒜頭鍋、釀番茄鍋、韓式泡菜鍋等口味,每種口味皆是堅持古法純手工,二次發酵釀造,風味香醇,湯頭鮮美,可搭配豬肉、羊肉、牛肉等各種新鮮食材,另外,緣起蒙古火鍋的天山百草鍋,以獨家配方熬煮,辛香不辣,充滿大漠風味。

　　延齡堂數十種手工釀造醋,散發特有天然酸香氣,飯前來一杯,胃口大開,愛吃醋的朋友,沾醬區也提供自釀醋可隨個人喜好添加,再搭配獨門家傳蒜蓉辣椒,香辣口感清爽入味,是行家來到這裡最愛的美味組合。

主廚推薦美味招牌菜

◀酸白菜火鍋
酸白菜當鍋底，愈煮
湯頭愈清香入味。

▶膠原蛋白凍
豬皮凍沾上特製醬料，
是眷村媽媽私房的家傳
料理。

◀貴妃醉蝦
具有藥膳食補的宮廷
御膳名菜。

｛獨創手工高粱酸白菜製作5步驟｝

▲高粱發酵
高粱發酵成酒粕約一週，靜置愈久，
風味愈佳。

▲大白菜削皮
大白菜要事先削去外葉，以鹽巴洗淨。

▲放入陶甕
將大白菜放入陶甕中，堆疊緊密。

▲放入高粱酒粕
發酵完成的酒粕灑在大白菜上，層層堆疊。

▲放入石頭
最後放上石頭，重力擠壓，密封等待完成。

三十八番居酒屋

輕鬆小酌品嚐日本家庭鄉土料理

三十八番居酒屋

巷弄內

價位：單點120元起
地址：台南市中西區郡緯街6號
電話：06-2293338

三十八番居酒屋以專賣日本家庭料理，令人印象深刻。六十七年次的老闆小康在短短四年之內，接連開設串燒、關東煮的大眾酒場以及這間居酒屋，原本以日本客人居多的小店，現在經常一位難求呢！

赤崁樓是台南老城區的地標之一，古老行業、歷史廟宇交織出濃厚文化氣息的生活氛圍，來此散步饒富悠閒雅興，隨著華燈初上，位於赤崁樓西側的郡緯街內的三十八番居酒屋，便會傳來一聲聲「いらっしゃいませ」（歡迎光臨）。

三十八番（新美店）其實是賣串燒、關東煮的大眾酒場，但在赤崁店卻是專賣日本家庭料理，原來老闆小康夫妻都是日本通，走的是庶民小吃路線，加上小康家人都住在日本，所以開店以前幾乎每年都會去日本好幾趟，即便現在生意忙碌，他們還是會抽空到日本走走看看，發掘新鮮有趣的飲食變化。

三十八番，就像一般日本常見委身於巷弄間的居酒屋，低調樸實的風格，是行家一吃就知道的美味。身材嬌小的老闆娘許華玲一開始因為喜愛日本，進而研究日本文化，每年固定前往日本實地考察的她，對於日本美食也情有獨鍾。

（左）麵燙過後，加入鰹魚高湯，放入昆布，配上魚板、小魚乾，是一道日本年節的應景菜。（右上）牆壁上的彩繪展現居酒屋的熱鬧氣氛。（右下）簡樸小店風，門前腳踏車和落地窗形成家的氛圍。

正統日本風味道道歐伊西

這份執著也反映在三十八番菜色，店內採用日本進口天然食材，並以供應日本傳統風味料理為主，例如日本過年年菜「筑前煮」、坊間少見的關西口味麻糬，而常見的蕎麥麵加入鰹魚高湯，再放入昆布、魚板、小魚乾，就是一道日本年節應景菜。除了有新鮮食材和濃郁湯頭為料理打下美味基礎，各式醬汁更是三十八番的一大特色，不但發揮畫龍點睛般的提味效果，也豐富了味覺層次，讓行家讚不絕口。

不論是主食，或者湯物、小皿、煮物、炸物、醃漬小菜，從各式日本家庭風味料理到裝潢，三十八番都忠實呈現正統日本味，還有一些台灣少見的日式料理也值得細細品嚐，像是「沖繩塔可飯」，就是一道沖繩的庶民名產小吃，因美軍駐軍沖繩緣故，後來衍生出中菜西吃的另類料理。還有生鮪魚起司抹在麵包上的西式吃法，連老外都吃得津津有味。至於日本客人愛吃的茄子雞，雞肉和茄子炸過後，灑上大量柴魚片，濃郁的香氣撲鼻而來，教人胃口大開。

主廚推薦美味招牌菜

◀野菜豬肉燒
大量蔬菜拌炒而成，下飯好料理。

▶海鮮丼
鮪魚、鮭魚、干貝，滿滿的幸福滋味。

◀生鮪魚起司
鮪魚肉泥加上醬汁，裹在麵包上，可說是生魚片的另類吃法。

167

董娘的店
邊吃飯邊聽最有味的恆春歌謠

董娘的店 `巷弄內`

價位：每人平均消費30~80元
地址：屏東縣恆春鎮恆南路二巷22號
電話：08-8898755

如果收音機放的是古琴歌謠，讓人不禁想要唱起恆春的「思想起」。恆春鎮的某條小巷子裡，經常聞得到誘人滷肉香，還聽見清唱的歌謠聲。這條神奇的小巷，究竟藏了什麼古老祕密？

董娘的店遠近馳名，不管是在地人或外地客，只要是在恆春鎮裡走動的人，都知道這間位於巷子裡的傳統小吃店。至於有名的原因，有人是因為食物的美味，有人偏愛那隻可愛的店貓，有人卻是對董娘的脾氣印象深刻。

「很多客人都說我的脾氣不好，那是不瞭解我的人才會這麼說。」董娘說起話來雖然有些直接，但那雙充滿熱情的眼神，是她對恆春的愛。董娘愛講故事，講的故事內容包羅萬象，除了店裡招牌香菇滷肉飯和冷熱冰外，她連裝這些小吃用的老碗都能說上幾段，偶爾，興致一來，拿起朋友剛寫好的歌詞，時而朗讀，時而吟唱，盡情唱出身為恆春人的驕傲。一碗滷肉飯配一碗冷熱冰，董娘希望大家能這樣品嚐屬於恆春的老口味，好好聽一段恆春故事與歌謠。

（左）董娘不只做菜時會唱歌，店裡有客人時更會大方吟唱道地的恆春歌謠，十分動聽。（右上）這用木板做成的手寫菜單，放在牆壁上也似一幅裝飾作品。（右下）這一碗香菇滷肉飯裡內容超極豐富，有香菇、滷蛋和超好吃三層滷肉，來董娘的店絕對要來一碗！

誘人滷肉飄香的人氣食堂

翻開董娘一整天的行事曆，其實只有「滷肉」和「玩樂恆春」，這是她做了一輩子都不會膩的事。董娘的店只開中午，關店後是她的娛樂時光，只要哪裡有好玩的事，她的人就會出現在那裡，別看她這麼貪玩，那是已經做完了一天該做的工作。

時間拉回早上，董娘七點就從市場買回新鮮的三層肉和雞蛋，然後一個人鑽進廚房，開始準備一鍋當天要用的招牌滷肉。生的新鮮三層肉在大炒菜鍋裡不斷翻炒時，董娘開心唱起了歌，炒香後把肉倒進燉鍋裡，加入台南產的傳統醬油、洋蔥和香菇，開了小火，回頭繼續處理另一鍋快煮好的雞蛋。拿出煮好的蛋，過了冷水，董娘開始專心剝蛋，蛋剝好了同樣倒入燉鍋中小火慢滷。這是董娘的開心時光，有一整鍋的滷香陪伴，自己哼哼唱唱，事情很快就都做完了。端出剛滷好的肉走出廚房，這鍋就是今天要賣的份量，賣完就沒有了，董娘可不會再進廚房準備一次。

「先吃滷肉飯，再吃冷熱冰。」這是董娘堅持的吃法，中間可以配點她自己做的在地風味小吃確實保留恆春傳統的滋味。

主廚推薦美味招牌菜

◀涼拌洋蔥
選用車城在地生產洋蔥，切成段後，加入醬油膏和柴魚片涼拌調味，吃起來十分清爽，是很在地的傳統小菜。

▶客家花生豆腐
這道菜其實不是真的豆腐，而是用花生和米漿成漿，再裝入大鍋拌煮一個半小時，放冷凝固而成。口感綿密，加點菜脯更好吃。

◀涼拌鳳梨蘿蔔
選用屏東產的鳳梨，搭配恆春蘿蔔一起品嚐，相當爽口清甜。

捻花創意
複合式餐廳

聞著花草香享受創意恆春菜

捻花創意複合式餐廳　　　巷弄內

價位：每人平均消費200~250元
地址：屏東縣恆春鎮坑內路57號
電話：08-8851284

前往龍磐草原的路上，意外遇見一座美麗的花園，花園裡有花、奇岩、涼亭還有美麗的綠草皮。漂亮畫面層層延伸，最後出現了一間純白色小屋，屋前站了三位美麗的女孩，看著她們的身姿，好像又看到畫面最前面的花朵。

這家餐廳的店名很文藝──捻花創意複合式餐廳，主人之一的YU，每天都會到花園裡捻下幾朵美麗的花，當做料理上的點綴盤飾。「這是我們三姊妹一起打造的花園，能坐在花園旁吃飯當然很開心啦！」YU的個性較活潑，是店裡招牌的外場人員，大姐負責店內庶務，二姐則開始和師傅學習各種料理。

　　三姐妹其實是彼此結拜的好朋友，YU和二姐先在墾丁開來民宿，後來結識了大姐，便決定一起跑來相對偏僻的龍磐地區，打造這座三姐妹夢想中的花園食堂。她們徹底發揮女生特有的美感和纖細，希望能讓客人吃到最在地的恆春菜，還能聞著花香和青草味，在墾丁的藍天白雲下，享受一段慢速度的美味時光。

　　來捻花，不只能欣賞全墾丁最美麗的花園，還能吃到各種精緻講究的創意料理。餐廳主廚因為認同三姐妹「食物要好吃也要好看」的美食理念，決定伸出一臂之力，完成三姐妹的夢想。

（左）捻花的花園佈置簡單但很美麗，設於花園一角的涼亭，提供客人休憩的好地方。（右上）除了室內用餐區，外帶區也設計得極為活潑討喜。（右下）捻花三姐妹漂亮動人，做出的招牌菜捻花三妹的擺盤當然也要秀色可餐，精緻盤飾讓人一看就食指大動！

美麗三姝圓夢端出創意美味

　　和三姐妹腦力激盪後，主廚決定推出一道讓人光聽菜名就很有想像空間的「捻花三妹」，一盤裡有三道小菜，各自象徵三姐妹的三種個性。大姐的個性冷靜縝密，於是主廚想出了「冰釀魚肚絲」，清爽的口感中，吃得出旗魚肚絲的纖細口感。二姐說話直接，做事勤奮衝勁十足，就像「泰式牛肉」酸酸辣辣直嗆舌尖，嘴裡的牛肉片卻有絕佳嚼勁。小妹是位甜姐兒，開朗外向，「百香甜蝦」完全對了小妹的味，自然果香中嚐得到每隻鮮蝦的活力美味。

　　主打恆春創意料理，這裡所用的食材也大多來自當地，像是來自屏東東港的錢鰻、鮮蝦、翻車魚和旗魚，和在地所產的花椰菜、山藥和洋蔥，食材雖然平實，手法和呈現方式卻很講究，她們希望讓來到墾丁的客人品嚐獨有的在地創意美味。坐在壁面繪滿花朵的空間裡，欣賞眼前真實的花草樹木，龍磐地區特有的陣陣野風，吹進捻花院子裡，也變得溫柔。

主廚推薦美味招牌菜

◄ 金莎蝦球
將新鮮蝦仁裹上蛋液、卡士達粉和地瓜粉後下鍋由炸，最後加入紅仁鴨蛋黃和黑白芝麻，撒點海苔粉就很美味。

► 三杯滑水
取用旗魚尾部極富膠質的部分，燉煮後再用三杯做法增加品嚐時的Q度與口感。

◄ 左宗棠雞球
利用糖醋做法，將醃製好的去骨雞腿肉，搭配番茄、番茄糊和切丁香料一起燉煮。

靚咖哩

特製香料燉煮72小時熟成咖哩

靚咖哩

巷弄內

價位：每人消費約 300元
地址：台南市北區海安路三段121號
電話：06-3500993

當初老闆就是為了取一個閃亮又討喜的名字，於是突發奇想了「靚咖哩」。這家以專賣熟成咖哩為特色的咖哩小店，雖在台南開店僅僅兩年左右，但在挑嘴的台南人口中可是佔著無可取代的美食地位。

則是採用印度進口香料，口感麻辣並帶有後勁，較適合喜歡吃辣的老饕，每一道綽號大頭的老闆李佳良，有一張形容台南人慣用的「很叼」的嘴，常有獨到的美食見解，不論是高檔餐廳或者街頭巷尾的小吃店，他總愛到處吃吃看，也因此練就出一身挑選食材的好功力。為了研發一道「蘋果松阪豬」的新菜色，大頭親自走訪黃昏市場比較真假貨，坊間常見多半是「踢胸（台語）」，真正的松阪肉需刀鋒夠利才能片形，大頭説，「因為一頭豬只有小小兩片，所以每天只能限量供應」目前蘋果松阪豬仍列為靚咖哩的隱藏版菜單。

靚咖哩不僅以獨特口味受年輕人喜愛，專為兒童和蔬食設計的料理更十分適合家庭用餐，日式風味咖哩採用新鮮水果精心熬煮，適合不吃辣味的客人，印度辣味料理都是現點現做，都要提供最好、最新鮮的料理，才端上桌。

（左）將咖哩粉放入以大量蔬菜和水果熬成湯底。（右上）店內裝潢走可愛小店風，由大頭老闆一手設計完成的靚咖哩，果然很「亮」喔！（右上）各式香料，包括小茴香、大茴香、匈牙利紅辣椒、綠豆蔻等配料，讓咖哩香氣更濃郁。

創意搭配異國風味咖哩料理

　　熟成咖哩是先將大量蔬菜和水果熬成湯底，再將洋蔥炒至焦黃，放入湯底小火慢燉六小時，同時再溫炒嚴選的印度進口香料，放入高湯鍋內持續燉煮，需先將咖哩靜置一晚，再放入冷凍催熟，使醬汁的香氣內斂其中，所以整個咖哩醬的完成需歷時七十二小時以上，才能有令人回味無窮的熟成咖哩。

　　在搭配料理選擇上，招牌手工魚丸咖哩以七十年阿嬤魚丸為特色；歐式紅酒牛腩咖哩精選牛腩加入紅酒熬燉，肉質軟嫩，帶點酒香；椰香嫩雞咖哩選用上等去骨雞腿肉，搭上濃郁椰漿，再灑上迷迭香，真是挑動舌尖味蕾；另外還有以大量當季什蔬搭配的野菜輕食咖哩，輕盈的組合讓女孩子品嚐美食無負擔。更不能錯過靚咖哩的靚鍋系列，是別間吃不到的獨家口味喔！

　　大頭和小誼平日喜歡心血來潮「玩」料理，自創品牌DIDO'S手工奶酪就是靚咖哩的秘密武器，不加一滴水，口感綿密紮實，除了原味奶香、濃香咖啡、養生芝麻外，還有嚴選日本沖繩黑糖，更是甜而不膩，難怪很多客人引頸企盼！

主廚推薦美味招牌菜

◀蘋果香椿鍋
清爽的湯頭涮燙豬梅花肉或牛培根，美味零負擔。

▶漁夫海鮮黑咖啡
以當季新鮮海鮮佐墨魚汁，呈現滿滿的鮮甜海味。

◀歐式紅酒牛腩咖哩
精選牛腩加入紅酒熬燉，肉質軟嫩，帶點酒香。

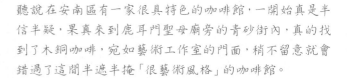

木銅咖啡

有機風味火鍋健康無負擔

木銅咖啡 巷弄內

價位：火鍋套餐280元起
地址：台南市安南區青砂街一段169-46號
電話：06-2571529

聽說在安南區有一家很具特色的咖啡館，一開始真是半信半疑，果真來到鹿耳門聖母廟旁的青砂街內，真的找到了木銅咖啡，宛如藝術工作室的門面，稍不留意就會錯過了這間半遮半掩「很藝術風格」的咖啡館。

門前的一副對聯寫著「木兮新創田園意，銅乎可擬萬物趣」，橫題「自然創意」，走進咖啡館內，漂流木做成的椅子，桌面上的吊燈，還有更多令人驚奇的銅管創作藝術品，從裡到外散發著濃厚的藝術元素，木銅咖啡所在地的前身原是一間冷氣空調工廠重新打造而成，牆面上的照片記錄著木銅咖啡「變身」的過程，從拆掉鐵皮屋到築起紅磚厝歷時長達半年之久，特別的是箭頭上的起點、沒有終點，

但可別以為咖啡館主人就是一副藝術家性格，庄腳囝仔的蔡進壽戇直古意，他從事的是頗為冷門的冷氣銅管創作，而木銅是取自「牧童」諧音，其實就是傳達他嚮往田園生活。

木銅咖啡以專賣風味火鍋為特色，包括原味健康鍋、水果咖哩鍋、鳳梨苦瓜活力土雞鍋等口味，堅持使用有機食材，所有火鍋用料全數升級採用無農藥殘留、生產履歷檢驗合格的農產品。

（左）小小的木銅招牌低調卻極具藝術感。（右上）木銅17號阿母ㄟ裁縫車，阿壽記憶中，阿母踩著裁縫車，補破褲子和阿爸捕魚的魚網。（右下）漂流木桌椅搬不動，咖啡館的每一張椅子擺放的位置，都是經由阿壽特別設計過的。

台灣農產品在地製造好咖啡

　　以古法釀製的鳳梨醬搭配苦瓜，熬煮香Q的有機土雞，甘甜湯頭愈喝愈清爽退火，富含膠質的土雞肉咀嚼更彈牙入味，另以新鮮蔬果熬煮的咖哩口感不辛辣，連小朋友都能吃得津津有味。咖啡館當然少不了拿手的咖啡，這裡有忠於原味的牧童咖啡，冰滴粹取的瑞穗咖啡，愛上牛奶的牛車咖啡，以及老闆娘特調冰淇淋的透心涼咖啡和夏日限定薄荷口味的退火咖啡，另外也有在地農家好產品的南投純釀桂香梅汁、台灣魚池有機紅茶，阿壽說「愛台灣，就是要支持台灣在地農產品啦！」

　　從咖啡館主人的生活態度，讓人感染著樂活饗宴，在悠閒輕鬆的下午茶時光，不妨品嚐老闆娘製作的現烤一口酥，外層酥皮、內層起司，搭配香醇的咖啡，多麼完美的滋味。又或者三五好友一起分享香烤特製鬆餅，以特調的鬆餅粉加入自熬香草糖漿、雞蛋、牛奶烤製而成，口感外酥內鬆軟，吃得到天然香草籽。另外假日才限量供應的木銅獨一簡餐，以清燉的紅燒軟骨風味搭配有機蔬菇的清甜，內行熟客老饕可是一上門就指定必吃喔！

主廚推薦美味招牌菜

◀香烤特製鬆餅
純手工鬆餅加入山藥後，口感綿實，又有養生風味。

▶鳳梨苦瓜
鳳梨醬依古法醃製的 而成，搭配苦瓜熬湯非常甘甜，炒菜也不錯吃喔！

◀有機綜合蔬菇盤
採用巨農有機農場的蔬菜，養生健康。

漁舍海鮮餐廳
巷弄內的墾丁手工菜

漁舍海鮮餐廳 巷弄內

價位：每人平均消費250~300元
地址：屏東縣恆春鎮大灣路20-1號
電話：08-8862822

恆春半島三面環海，海產豐富，有人拿海鮮做成泰式料理，有人還是習慣拿來做道地的台菜佳餚。位在墾丁大街尾端的漁舍海鮮餐廳，就是堅持以老師傅的傳世手藝，烹煮出台式海鮮最迷人的味道。

穿過熱鬧的墾丁商街，街尾轉個彎，有一家外觀樸時，看似相對安靜的海鮮餐廳，一般遊客比較少走來這裡，但卻是當地人的聚餐地點。黃老闆的身材高瘦，原是福華飯店的經理，後來決定自己創業，飯店老師傅跟他一起出來闖。

雖然名為海鮮餐廳，但黃老闆已經跳出原本對於海鮮料理的想像和處理方式，加入老師傅的多年手藝，多了費工的步驟，就是想讓這裡的海鮮吃起來有所不同。一道涼拌芭蕉旗魚，看似餐前小菜，其時費工費時的程度，不下於一道經典大菜。

餐廳選用在地東港捕獲的芭蕉旗魚，取其最軟嫩的魚肚部位，切成魚柳條後，邊裹粉邊按摩。下鍋煮熟後再放入冰水冰鎮，讓彈性二度增加。「魚肉吃起來就是要夠彈牙，好像從海底撈起來就直接吃，這樣才過癮！」黃老闆雖然自己不做菜，但卻很懂得吃，所以才能精準要求師傅做出他心目中理想的海鮮味道。

（左）漁舍的空間佈置偏古樸日式風。（右上）木格門扉旁垂釣木魚飾品，讓人聯想到日本街頭常見的居酒屋小舖。（右下）餐廳內處處是懷舊風格，就連菜單也是在竹簡上手寫而成，點菜時攤開菜單，頗有在客棧裡用餐的味道。

傳承廿年烹煮功力好口碑

　　菜色呈現上，不似店鋪的樸實，黃老闆堅持走華麗路線。就算只是這道涼拌小菜，他還是會請師傅親手雕一隻大飛鳥，展翅翱翔的姿態，將小菜襯托成一道招牌大菜。這是黃老闆的堅持，餐廳空間佈置可以簡單，但給客人吃的食物一定要色香味俱全。現在他自己開始也學習雕刻盤飾，如果自己能幫師傅這個忙，那師傅就能更專心做出美味的好料理了。

　　一道油紅的蜜汁燒肉，光看上頭散布的白芝麻粒，口水就開始分泌。大口咬下燒肉，濃郁甜滋味，真是非常過癮！另一道鮮蚵麵線，白麵線搭配東港捕撈的鮮蚵，撒點蔥花出菜，顏色很平實，吃進口中的滋味像回到小時候，媽媽親手盛一碗麵線端到面前來。就是這般道地的味道，讓漁舍餐廳成為在地人都知道的好餐廳，儘管墾丁大街熱鬧依舊，餐廳還是安靜存在於熱鬧轉角的不遠處。

主廚推薦美味招牌菜

◀泰式蒸魚
先將鮮魚蒸熟後，再加入含有蒜頭、辣椒、醋、檸檬和香菜的泰式酸辣醬，嚐起來酸甜鮮美，口味甚佳！

▶辣泡蝦
先用辣油將蝦子爆香，加入奶水、鮮奶油和生蛋黃後，用慢火煨煮收乾，拌點芹菜即大功告成。

◀漁舍燒豆腐
選用蛋豆腐，搭配紅燒醬汁、九層塔末和蘑菇，用慢火煨製入味。這道燒豆腐口味較重，非常下飯。

鹽鄉民宿餐廳

到漁村品嚐媽媽味的家常菜

鹽鄉民宿餐廳 | 港灣邊

價位：每人消費約 300元
地址：台南市北門區永華里井仔腳57號
電話：06-7862643

（左）一磚一瓦古意盎然，餐廳裡佈置都是以前阿公古早時代保留下來的生活器具。（右上）沿海人家曬虱目魚乾，自製伴手禮經常供不應求。（右下）大清早跟著洪爸爸「下海」，體驗捕魚樂。

今年初，南鯤鯓西濱漁鹽宗教之旅被評選為米其林三星旅遊路線，原本寧靜的小漁村慢慢多了旅遊的人潮，而且愈來愈多人嚮往鄉下生活，住民宿，吃家常菜，很多人到了鹽鄉民宿餐廳，頓時喚起了反璞歸真的年少情懷。

頂著烈日當空一路駛往北門井仔腳的鹽鄉民宿餐廳，沿途盡是魚塭地，正在整理園區的民宿主人洪有志放下了手邊工作，招呼著訪客，每天傍晚時分，總有許多攝影玩家來到這裡拍照，九月時黑腹燕鷗南下渡冬，冬天的飛鳥季更是賞鳥玩家必造訪的時節。

南鯤鯓西濱漁鹽宗教之旅被評選為米其林三星旅遊路線，北門又比七股保有原始風貌，洪有志透露，北門並未發展休閒觀光漁筏，造成環境干擾，加上養蚵漁業興盛，因而得以成為候鳥群聚的棲息地，這也是七股黑面琵鷺保護區之外的另一個賞鳥選擇。

洪有志對於家鄉的一景一物，總懷有特殊的情感，四年前舉家落葉歸根，且著手經營民宿餐廳，這裡不只有洪媽媽的美食料理，還有許多難得一見的鹽村文物，包括昔日鹽灘上的玄武岩石輪、北門素人藝術畫家洪通的生活照等，他也利用塑膠浮球、珊瑚礁岩佈置出古意盎然的漁村海洋風民宿，從自然生態到鹽分地帶文化歷史，讓人感受到的是一份用心又溫暖的在地情懷。

對於很多攝影玩家、賞鳥愛好者而言，來到北門井仔腳除了拍照、賞鳥，打道回府之前一定要來品嚐洪媽媽的家常料理，一盤乾炒的蚵仔麵線配上一碗古早味無刺虱目魚西瓜綿湯，足以讓人吃得津津有味。北門是全台主要的虱目魚養殖區之一，同時獨步全台開發出無刺虱目魚的美味料理，洪媽媽招牌料理的古早味無刺虱目魚西瓜綿湯，凡嚐鮮過的人都讚不絕口。

獨創無刺虱目魚湯超美味

洪媽媽最引以為傲的是，北門產地的鹹水虱目魚風味鮮美，加上西瓜綿的酸香味，獨特口感的鮮魚高湯真教人食慾大開。由於鹽分土質適種西瓜、香瓜等瓜果，以往沿海地帶生活清苦，當地老一輩人總是克勤克儉，便會將未熟成小西瓜醃製為西瓜綿，「用西瓜綿煮魚湯可是海口人的在地美食呢！」洪媽媽認真地推薦。

洪媽媽的私房菜「曬虱目魚乾」和「鹽焗無刺虱目魚」，需事先預定才吃得到，還能變化出各種創意料理，例如虱目魚乾滷五花肉，只有內行老饕才知道的美味組合，還有養生藥膳花跳魚、清蒸紅蟳都是菜單上看不到的私藏美食喔！

鹽鄉民宿餐廳結合了地方美食、生態導覽、鹽田體驗、鹽焗垂釣等，吃喝玩樂全程搞定，洪有志說，民宿魚塭裡的鱸魚、吳郭魚、野生沙蝦全以天然魚苗養殖，旅宿的客人早上可以跟著洪爸爸「下海」收網，實際體會一日漁夫的樂趣，不過最出人意料的是，民宿後方還有一片秘密果園，土芭樂、百香果、楊桃、芒果、香蕉、椰子果實纍纍，甚至有難得一見的諾麗果，洪媽媽的家常菜多半取材於自家後院的新鮮蔬果，此外，台灣最古老的瓦盤鹽田就在鹽鄉民宿旁，鹽田體驗區完全免費，還可以拿鹽袋免費將粗鹽帶回家做紀念，可泡澡做SPA喔！

和運租車 您的行動管家 專業租車 一路和運

主廚推薦美味招牌菜

◀鹽焗皮蛋豆腐
鹽焗蛋是沿海討海人就地取材衍生的吃法，冰冰涼涼更好吃。

▶乾煎無刺虱目魚
北門鹹水虱目魚風味鮮美，尤其乾煎後的魚肚部分肥腴肉嫩真美味。

◀蚵仔麵線
挑選北門當地的野生石頭蚵，飽滿蚵肉配上麻油麵線超有飽足感。

｛ 漁村媽媽的私房美味 ｝

▲翠綠絲瓜先切片
洪媽媽傳授小秘訣，切絲瓜要「大方」，大片絲瓜才有爽脆口感。

▲入鍋燜燒
放入絲瓜和蛤蠣不需調味，直接加水，蓋上鍋蓋，小火燜燒。

▲清蒸原味
清蒸後的甘甜清湯最能襯托食材的新鮮味美。

鵝鑾鼻小漁港

吹海風大啖漁船上現撈生猛海鮮

鵝鑾鼻小漁港
價位：每人平均消費200~250元
地點：屏東縣恆春鎮鵝鑾鼻漁港旁
電話：0916-331-067

港灣邊

（左）江老闆為了找到最新鮮的食材，只要天候狀況允許，就會和父親一同出海捕魚，把最新鮮的食材帶回來。（右上）江老闆作畫的空間很隨性，但大部分是在這座用傳統三色帆布搭起的棚架下完成，堪稱是他在海邊的私人畫室。（右下）廢棄浮球除了可以做成盆栽之外，把幾個不同大小的浮球漆上不同顏色吊起來，又是另一種創意裝飾。

當鵝鑾鼻燈塔發揮強大的趨光效應時，人們跟隨它的指引，抵達純白的塔座下。如果選擇叛逆，背離光線的驅使，鑽進燈塔公園旁的小徑直往鵝鑾鼻漁港去，就會發現這家用傳統三色帆布單搭建的海產小攤。海風吹著帆布棚，棚下的大紅餐桌已經放滿了整桌的新鮮海味。

　乍來到這間漁港邊的「餐廳」或說是「攤位」，真的很難界定該怎麼正確稱呼。眼前真有間水泥小屋，屋前拉開一具向著海面的三色帆布棚，棚下擺了幾張路邊喜酒常見的大紅餐桌，擺明走了就是攤位路線。

除了這些對於攤位的既定印象外，水泥小屋牆壁上畫了很多生動的魚類，每隻都畫得栩栩如生，筆觸格外細緻。老闆獨自在水泥小屋和屋外座位區來回忙碌，身材結實黝黑，果然是道地的漁村小孩。「我家的船就在旁邊，一大早就和爸爸出海捕魚，每天都可以抓到不同的海鮮呢！」餐廳就開在漁港邊，漁船就在眼前，每天捕到的魚算準使用的量，如果暫時用不到的海鮮，江老闆就會直接暫放在魚網裡，浸在漁船邊的海水裡。整座海洋就是他的天然保鮮箱，客人要吃才現取，可是貨真價實的「現撈啊」海味呢！

今天出海收穫豐富，捕到了石鯛、鴨嘴神仙魚、雀鯛、龍蝦還有少見的麵包蟹，這些都是非常美味的海鮮，江老闆的腦子裡，開始盤算起該怎麼料理這些食材。一頁頁食譜在他腦中快速翻過，煎煮炒炸，他已經想好了每道菜的先後順序了。

江老闆愛煮東西大家都知道，但他更愛畫畫和手工創作，他的用色和創意十分大膽，好像在和面前遼闊海景爭美，一副野獸派創作風格，讓人眼睛為之一亮！戶外座位區的圍欄是用撿拾的漂流木搭建而成，雖然不見規則，但卻紮實牢靠。

同執鍋鏟畫筆的
藝術料裡人

圍欄上吊掛了幾個浮球，有的對切半開來做成花盆，有的塗色後串成一條浮球項鍊。有的遺留角落，顏色塗了一半，江老闆可能突然想到要做什麼，就將那只浮球暫棄一旁。沒客人用餐的時候，這裡簡直就像他自己的藝術工作室，油漆桶、油漆刷、浮球和漂流木隨性擱置，心血來潮時，隨手就能拿起開始創作。

說江老闆很有藝術天分果然沒錯，儘管在他的傳統三色帆布棚底下擁有多少創作品，他還是懂得留白的美，保留眼前最完整的空間，讓客人可以盡情欣賞漁港外的海水波瀾和傍晚時的金黃日落。

坐在鵝鑾鼻小漁港吃海鮮，桌上每道料理，都像是漁夫從眼前不到十步的漁港，一下船就親自將於端了過來，老闆現場料理，搶住海鮮最珍貴的甜味。

這裡人氣甚高的料理就屬鴨嘴神仙魚三吃，神仙魚的尖嘴和彩色魚身讓人印象深刻，料理起來也如此美味。江老闆選擇用生魚片、清蒸和做魚湯的方式處理，一次可以吃到神仙魚的三種口感。

另外還有一種這邊才會有的麵包蟹，生的麵包蟹看起來像是一塊超大的奶酥麵包，清蒸後再打開蟹殼，鮮甜的蟹肉讓人吮指回味。

主廚推薦美味招牌菜

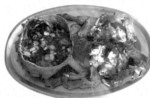

◀清蒸麵包蟹
江老闆將自己意外捕到的麵包蟹，用清蒸手法蒸出麵包蟹的原汁原味，蟹殼裡的湯汁顏色雖黑，但喝起來有獨特的鮮甜滋味。

▶神仙魚魚湯
神仙魚剩下的魚骨和其他部位也不浪費，搭配薑絲清煮成湯，湯頭十分鮮甜，慢啃魚骨也是一種樂趣喔！

◀海菜三合一
包括鹿角菜、相思海菜和大鹿角菜一起涼拌，可以一次吃到三種海菜的不同口感，也是不錯的下酒小點。

巴士海峽畔品嚐現撈海產

▲珍貴的麵包蟹
意外在電視節目上看到這種麵包蟹，江老闆發現自己也曾捕過，才開始將麵包蟹做成美味料理。

▲生猛的龍蝦
除了珍貴的麵包蟹外，江老闆憑著老道經驗，經常能捕到肉質鮮美的生猛大龍蝦，做成店裡的招牌料理。

▲新鮮的石鯛
石鯛也是相當珍貴的海鮮，江老闆説附近海域常會出現許多奇特的魚類，只要能捕到，他都可以做成好吃的料理。

▲天然漁獲保鮮箱
不像一般海產店有活水保存箱，江老闆直接將活跳跳的生魚暫養在港邊的海水裡，要用時再撈起即可。

牡丹灣villa 湖畔樓餐廳

細嚐在地山珍海味

牡丹灣villa湖畔樓餐廳　**飯店內**

價位：包含於住宿房價中（限房客用餐）
地址：屏東縣牡丹鄉旭海村旭海路85-1號
電話：08-8830888

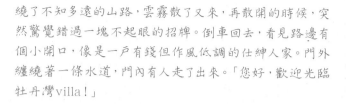

繞了不知多遠的山路，雲霧散了又來，再散開的時候，突然驚覺錯過一塊不起眼的招牌。倒車回去，看見路邊有個小開口，像是一戶有錢但作風低調的仕紳人家。門外纏繞著一條水道，門內有人走了出來。「您好，歡迎光臨牡丹灣villa！」

緊鄰旭海部落與漁村的牡丹灣villa，雖然隱藏在蜿蜒山路中，卻也佔得最優越的地理位置。俗話說「靠山吃山，靠海吃海」，這裡山珍海味都有。當地人在部落山區裡種植野菜，依時節自然生長採收。捕魚的人，勤於出航工作，回港時總能帶回一籃籃滿載漁獲，包括當地特有的珠蝦，一種少見的龍蝦品種。

餐廳劉主廚很懂得善用這上天賜予的禮物，搶在季節轉變前，直接和部落小農到菜園裡看當季蔬菜。園區裡有許多排灣族愛吃的野菜，像是山蘇、白鳳菜、刺蔥、紅藜、雨來菇……等，一區一區自然生長，卻也沒有十分明顯的界線。

跑菜園的行程大約一季一次，主要是確認當季野菜的品質和種類，漁港則是每天都要光顧，漁民一早就把最新鮮的漁獲捕撈上岸，劉主廚親臨現場瞧瞧海鮮的品質，挑出最好的，就是當天餐廳用到的海鮮食材。

（左）二層式建築隱身在山林間，循著樸實的石板步道可以走進餐廳或到達戶外用餐區。（右上）珠蝦是旭海地區特有的龍蝦品質，體型較小，肉質卻極具彈性。（右下）雨來菇是牡丹及滿州地區特有的一種菌菇，生長在雨後的草地上。

坐擁部落湖畔美景

　　湖畔樓餐廳就在池水邊，建築猶如湖水不小心外滴的水珠，湖和樓相映合一，美景是最天然的高級調味料，輕撒一點，桌上食物立刻提出鮮味。伴著美麗湖景用餐，留住部落環境原本的美好，山水美景透過餐廳的大面玻璃窗落在餐桌前，嘴裡一口美味，眼底一幅畫面。吃得是在地提供的新鮮食材，看的是旭海部落最原始的山林面貌。

　　　來自部落自己種植的野菜和漁港現捕海鮮，餐廳食材的新鮮度無可挑剔，劉主廚在料理手法上則講求簡單，讓客人盡量吃到食物最真實的原味。滿滿一桌精緻料理，從餐前酒、前菜到主食，每道都嚐得到屬於排灣族的味道。「我們的菜色其實很常見，但食材絕對非常在地！」劉主廚對他料理的信心來自於食材的提供者，不管是菜農或漁夫，都是部落最懂得種菜或捕魚的人。劉主廚每天樂在和小農分享心得，親自挑選自己喜歡的食材，最後做成一道道美味料理呈現給客人。

主廚推薦美味招牌菜

◀鰻魚飯
選用台東生產的越光米，搭配台南養殖的鰻魚。

▶旭海龍蝦
旭海地區得天獨厚，擁有珠蝦這種極為難見的龍蝦品種，體型雖小，但活動力極強，肉質鮮甜，口感極具彈性。

◀蠔油鮮鮑魚
先用高級蠔油搭配小火慢煨鮑魚，再用煨製鮑魚的醬汁快炒雨來菇，最後兩種相搭完成鮮甜好滋味。

東台灣，
大啖自然山海原味

月廬

探訪反璞歸真的心靈花園

月廬 　　　　　　　　　　　　　**山林中**

價位：單點160元起（碳烤梅子筒雞需預約）
地址：花蓮縣鳳林鎮鳳鳴一路71號
電話：03-8762206

月廬居高臨下，眺望著鳳林鎮開闊的平原景觀。禪石流水的圍繞，讓人澄心如鏡，洗滌掉都市的煩躁。靜靜地坐在月廬雅緻的空間當中，環顧四周，這些空間語彙，處處散發著懷鄉思古的依戀，也道出了對生活的反思！

老闆的父母過去以經營梅子外銷日本為業，在產業轉移到大陸之後，梅園開始荒廢，因梅子採收的季節短，不適合以觀光果園經營，於是他們決定運用這裡的山林美景，與家鄉的人情味故事，譜出浪漫的月廬餐廳。

月廬的料理，回歸當地客家人文脈絡。以精緻化的客家料理，呈現反璞歸真的鄉土風味。廚房源源不絕的甘甜山泉水，奠定了料理的美味。因為簡單生活、自在單純，所以烹煮出來的料理，有了更多的誠懇的心意與況味。

由於過去這裡是梅子園，所以料理多以醃製過的梅子入菜。普遍給人油膩、鹹重口味印象的客家料理，在醃梅子的優雅酸味中和過後，形成了「雅緻的梅子香氣壓過了油膩感」、「酸味與油質搭配出芳香濃郁的美味」等的另一股新風味。這種風味就像是分享這一片梅園的歷史，重新咀嚼客家料理不同的面向。

（左）隱身山中梅園的月廬。（右上）簡單禪意的客家復古風情。（右下）運用自然素材創造出細膩的自然風格。

回味沈醉的客家料理

　　店內的招牌菜「梅汁排骨」，採用帶筋的趾排骨，加上糖與調味料烹煮，最後再以梅子收味燒製而成；有咬勁的排骨，搭配細火慢熬濃郁的梅汁，開胃不油膩，亮晶晶的色澤讓人食指大動。「梅汁山苦瓜」是一道別具風味的客家涼拌料理，細心切成薄片的苦瓜，冰鎮之後保持新鮮清脆的口感，加上月廬特製的梅汁涼拌，營造出苦瓜去火的清爽與梅汁酸甜耽美的氣息，簡單樸實同時保有客家風味。

　　加入梅子軟化肉質的「梅汁豬腳」，以梅子的鹼性中和豬腳的油膩，讓豬腳的膠質柔軟有彈性，即使吃下很多份量，仍不感到油膩的負擔，滷出來充滿酸甜濃郁風味的醬汁更是下飯可口。

　　填塞鹹梅、大蒜、九層塔等香料的「梅子筒雞」，是以木炭燒烤一個多小時後而成；琥珀色的油量表皮令人垂涎，趁熱用雙手撕開肉塊，蘸著醬汁一同入口風味絕佳。

主廚推薦美味招牌菜

◀紅糯米與白米飯
以山泉水炊煮，就著紅糯米一同扒入口，咀嚼之間，唇齒還能散發著淡淡的芋頭香氣。

▶碳烤梅子筒雞
填塞鹹梅、大蒜、九層塔等香料的「梅子筒雞」，是以木炭燒烤一個多小時後而成。

◀梅汁山苦瓜
細心切成薄片的苦瓜，冰鎮之後保持新鮮清脆的口感，加上月廬特製的梅汁涼拌。

PASA廚房
在山林中享受傳奇料理人私房菜

PASA廚房　　　　　　　　　山林中
價位：每份1500元
地址：台東縣卑南鄉富山村郡界51號
電話：0933-692-445

沿著台東最美麗的海灣沿線公路前進，立即愛上了這片海景。就在彎口處，海的對側有條小徑可以上山，早就聽說有位傳奇廚藝高手身居附近山中，儘管不清楚正確位置，乾脆任憑肚子發出的飢餓訊號導引，轉折上山。

儘管曾經當過記者，儘管寫過多少關於民宿經營分析的文章，儘管花了很多時間四處遊歷及演講開課，最後回歸的落腳地，還是這間藏在山林中的隱密小屋。

以開設民宿課程聞名全台的江冠明，若非當年選擇遠離台北，有點賭一把地搬到台東都蘭山上，就沒有機會可以像現在這樣，一早就去後山採收還沾著露珠的野菜，回到半露天的廚房裡，一邊聽著古典樂，一邊整理新鮮食材，還得趁著早市還沒收攤，趕到台東市區購買其他晚餐要用的東西。

「跟在都市生活比較起來，還是一樣很忙碌啊！」江冠明說這句話的背後，「忙碌」這二個字卻有著某種不一樣的分別。忙歸忙，可是周遭的空間不一樣了，是山上的雲霧，是從海邊吹來的風，吸進身體裡，渾身都變得勁力十足，將隨手從自家菜園摘取的蔬菜，全變成晚餐桌上讓人驚艷的特色料理。

（左）撒上豆酥粉，讓整道青醬剩菜的氣味和顏色更加分，一把夾起來放入口中，口感中有野菜的清爽和淡淡豆香。（右上）用餐空間中的漂流木餐桌，都是主人親手撿拾而來。（右下）晚餐時間一到，廚房裡的烤爐掀開，從蔬菜的氣味開始，陸續傳來烤物的香氣。

烤菇配豬腳大餐挑動味蕾

對於義式青醬有莫名狂戀的江冠明，製作青醬所用的食材都是從菜園裡採摘而來，像是茴香、蔥或九層塔，各摘一點打成泥組合在一塊就完成了。青醬更成了做其他菜時最重要的關鍵性配角，像是他拿手的青醬魚、青醬羊排或是青醬剩菜，不論哪一道菜，只要加入了他自製的青醬，風味層次馬上提升不少。

要品嚐江冠明的私房料理，通常都是在晚上，但不妨早點來，先看看山、看看海，沾染一身最自然的調味後，晚餐時間一到，廚房裡的烤爐總算掀開，頓時，從蔬菜的氣味開始，陸續傳來其他烤物的香氣。

先來品嚐烤菇吧！菇有三種，紮實爽脆的口感讓人先開了胃，接下來就是烤豬大骨肉澎湃上桌。份量不少的豬大骨，紅通通的色澤和藏在裡頭的肉汁，一咬下去滿口好滋味。陸續還有烤地瓜、南瓜和用大骨熬煮的白蘿蔔湯，重頭戲是剛烤好的德國豬腳，份量雖然不多，但配合快達頂點的飽足度，淺嚐幾片外酥內嫩的豬腳肉，果然是滿足得剛剛好！

主廚推薦美味招牌菜

◀烤地瓜南瓜
燒烤各式肉類同時，主人也會放入地瓜和南瓜一起烤，取用於當地新鮮採收的食材，用最自然的炭火就能烤出地瓜和南瓜的甜滋味。

▶青醬魚
將洋蔥、茴香菜、九層塔和蔥打成菜泥，就是主人自豪的特製青醬。

◀青醬羊排
主人自製的青醬塗抹在頂級羊排肉表面上，放入專業烤爐用炭火慢烤，讓木香燻入肉質中，搭配青醬一起食用超好吃！

梯田山
民宿餐廳

眺望縱谷平原品嚐義式料理

- -

梯田山民宿餐廳　　　　　　　山林中

價位：每份450元
地址：花蓮縣壽豐鄉豐山村山邊路二段10號
電話：0910-156-103

經過壽豐鄉的縱谷平原時，都能發現望眼所及的廣闊農田和低矮屋舍，山脈在兩旁保持很舒服的距離守護著這片平原。有個地方，其實幾乎能和山神為伍，從那裡可以俯視這整片理想大地，位置似乎在梯田山某處。

「**真**的是羊腸小徑。好像是牧羊人才知道的小路一樣，必須鼓起所有勇氣一路往山的最深處開去，但也沒有能讓你回頭折返的空間，只好一路往上，上頭應該有些什麼。」李玠岳回想當時發現這裡的過程，好像得到山神指引似的。

在台北打拚了數十年，從事室內設計，畫過無數設計圖的他，當站在這片開了半小時山路後才突然現身的小平地時，出現在他眼前的，竟是一張描繪生動的豐田地區立體空照圖。他突然感嘆，原來大自然的手比他還巧，觀察入微的角度比他看得還細，連空間裝飾的美學表現都比他所做的還要洗練而自然。

後來，他們在這塊意外發現的賞景之所，蓋了五間純正荷蘭建築風格的房間和一間猶如客廳般溫馨的小餐廳。平時當私人度假屋，空閒時就開放其他客人來此用餐和住宿。彷彿與山神為鄰，端杯咖啡和一盤輕食，就能愜意眺望無垠美麗的縱谷平原。

（左）餐廳建築風格採用台灣少見的正統荷蘭梯形屋頂建築，展現獨特的建築美感。（右上）室內空間佈置溫馨。（右下）主人特請老師傅建造的磚造烤爐，獨特造型讓遊客為之驚艷。

分享熱度百分百的爐烤春雞

　　講究自然食材為主的歐洲鄉村料理，跟這間餐廳的整體環境十分搭配。他們在餐廳與客房之間的石板小廣場上，請師傅蓋了一具荷蘭式磚造烤爐，只要提前一個禮拜預定，就有機會可以吃到用磚爐烤的美味春雞。不過因為製作過程非常繁瑣費工，只要現場看過一次製作烤春雞的過程，就能明白為何要如此確定訂餐的人數和時間了。

　　漫長等待只為了一隻烤全雞，直到打開爐取出鐵鍋的那一刻，撲鼻而來的迷迭香氣和烤雞味，讓一切等待都值得了。撥開舖在烤雞上已經吸附滿滿雞汁的馬鈴薯和洋蔥塊，切下一根雞翅和幾片雞胸肉，搭配一杯氣泡香檳品嚐，李玠岳最喜歡等一切就緒，準備坐下來開始大啖烤雞前的這片刻時光。

　　「如果接在漫長等待後面是美好的生活，就算要我慢慢等，那又有什麼好急的呢？」坐擁梯田山最深處的環境中，一邊眺望縱谷平原景致，一邊品嚐主人為每位客人準備的精緻義式料理。這就是梯田山的生活哲學：接待認同這裡的人一頓豐足的饗宴！

主廚推薦美味招牌菜

◀紅酒牛肉
選用一條牛只能做二份的牛後腿小腱肉，以多種辛香料醃製後再四面油煎，最後放入整顆洋蔥、番茄、紅蘿蔔和紅酒一起燉煮四小時。

▶紅酒醋生菜沙拉
加入鹽、高級天然橄欖油和等級更高的紅酒醋膏，搭配各式新鮮生菜。

◀馬自拉起司
選用氣味較自然的馬自拉輕乳酪，將馬自拉塊與洋蔥、番茄和百里香香料搭配紅酒醋一起攪拌，放在麵包塊上酥烤後即可享用。

四代務農
藏身三合院裡的美味客家菜

四代務農
價位：每人消費約200~300元
地址：花蓮縣鳳林鎮大榮里大忠路 1 號
電話：0921-750-866、0936-948-764

田野間

（左）古老的屋舍裡就該有古樸風格，主人哥哥是位裝潢高手，經過巧手改裝後加入了許多鄉村農具及繪畫，成功營造出舒服的農村風情。（右上）老闆將老家流傳下來的傳統三合院屋舍，發揮巧思改造成這間鄉村餐廳，仍保留許多古樸風情，讓客人在這裡用餐更有味道。（右下）自己種植的辣椒體積雖小，但辣度十足，適合在炒菜時放入一點提味增色，小小的辣椒可是老闆不可或缺的重要調味材料。

來到客家人聚集的鳳林鎮，眼前是純樸農村風光。旅遊書上說這裡是全台灣出現最多校長的小鄉鎮，一定要喝的香濃豆奶和參觀古樸菸樓。如果調皮一點不跟著既定路線走，從某條鄉間小路轉折進來，依循飯菜香的食物導航系統，就能找到這間流傳四代的農家食堂。

這是間看似平凡的三合院老屋，所謂的「平凡」是出自於腦中對鄉村的刻板印象，直到真正走進屋舍前的曬穀廣場上，才發現這間可是不太一樣的三合老院。屋舍盡量保留原來的樣子，只在門眉和室內空間上，做了一些符合鄉村本質的合理裝修及佈置。例如門前掛了一席長版客家紅花布，就知道來到客家人經營的餐廳。老闆兼總舖師王義明，在回鳳林老家創業之前，是在桃園開餐廳。炒著同樣香味四溢的客家菜。做廣告設計的哥哥比他先一步回到花蓮，開了一間民宿，過著逍遙自在的日子。王義明十分羨慕哥哥的生活，剛好老家鳳林的古厝沒人照顧，於是就決定搬回鳳林，延續上一代的務農生活。

他們一家子的務農雖然不算是本業，只是照顧屋前的山蘇園和屋後小菜園，而這些規模精巧的菜園，卻剛剛好能提供品質和數量穩定的新鮮食材，滿足餐廳所需。這樣的自給自足，正是王義明一家人嚮往已久的生活。

從大門穿過馬路到對面的山蘇園，乍看全是檳榔樹，走進後才發現地上原來都種滿了一叢叢翠綠山蘇。這是鳳林人種山蘇特別的方法，檳榔樹下夠陰涼，才能營造出適合山蘇生長的陰濕環境。

秋冬是山蘇盛產的季節，老闆娘每天都會來園區剪取最嫩的山蘇葉，接著再到後院採些別的菜，有絲瓜、南瓜、地瓜葉等，自家老田土壤品質好，幾乎是種什麼長什麼，老天賞的都是最美味的食材，當季盛產的蔬菜，就是餐廳提供給客人的時令佳餚。

自家菜園
種出時令食材

「只要蔬菜夠新鮮，簡單快炒調味，客人就吃得很高興了。」做菜技術難不倒王義明，老天在不同季節賞賜的食材，正好是讓他即興發揮的隨堂測驗。夫妻倆和一對子女守著這間流傳四代的農園和老屋，每天開開心心跑前跑後，看看菜園裡又長出什麼好東西來。這對子女就是他們最公正嚴格的試菜員，新菜色好不好吃，從菜一上桌到看見盤底的速度就知道；不過每次總沒意外，才一端上桌，馬上就被這對小兄妹一掃而空。

四代務農餐廳藏身在鳳林主要幹道旁的農田小徑中，但從屋舍裡傳來的美味飯菜香，倒是怎麼藏也藏不住。聞香而來的饕客，一坐定在古樸的圓形大木桌前，報了用餐預算，便可以開始等待一道道的家常美味上桌。

上菜速度快，因為主要都以快炒類為主。涼拌山豬皮、客家菜豆雞湯、野薑花煎蛋、客家小炒或是超滑嫩彈Q的藥膳豬腳，每一道菜都像是媽媽做的下飯好料理。尤其是野薑花煎蛋，金黃蛋色搭配潔白的野薑花瓣，就能看出這對夫妻檔深藏不露的美感品味。還有一道洛神苜蓿芽莎拉，賣相十分清爽，嚐得到洛神花微酸的滋味，剛好可以中和嘴裡輕微的油膩感。

主廚推薦美味招牌菜

◀藥膳豬腳
以多種中藥材滷製豬腳入味，看起來油油亮亮的藥膳豬腳，吃起來卻有中藥材獨有的清香，調味中和剛剛好。

▶洛神苜蓿芽莎拉
老闆特別在較為油膩的客家菜中，研發這道用洛神蜜餞和苜蓿芽組合而成的沙拉，讓客人的味蕾可以保持清爽。

◀涼拌山豬皮
選用富含膠質的山豬皮，炒熟之後再搭配蔥、蒜、辣椒和香菜等辛香料一起涼拌，吃起來口感超有彈性。

｛ 我家就是一座大菜園，食材新鮮就美味 ｝

▲辣椒
自己種植的辣椒體積小，辣度十足，適合在炒菜時放入一點提味。

▲山蘇
在潮濕少光的環境才能長出漂亮鮮嫩的山蘇，現採最新鮮。

◀野薑花
自然生長的野薑花，是老闆盤飾或入菜的食材，天然清香讓料理美味。

▲韭菜
老闆自家的菜園什麼菜都有，連韭菜也有種。

▲地瓜葉
地瓜葉是菜園裡的大宗蔬菜，是客人常點的菜色。

葛莉絲莊園
烘焙廚房

靜謐山裡慢食日式懷石料理

葛莉絲莊園烘焙廚房
價位：提供580元及780元兩種晚餐
地址：花蓮縣壽豐鄉豐山村魚塘路43號
電話：0933-121-662

來到花蓮，總喜歡尋找大山大海的壯闊景致，往中央山脈前進，卻意外發現另一種寧靜安逸的美。巨山就在眼前，周圍卻彷彿正值午休時間的校園操場，只有幾聲清脆鳥鳴，吹皺葛莉絲莊園裡的一池湖水。

這座以最安靜的姿態，優雅藏身在壽豐鄉豐山村裡的莊園，小小的，但對於在這裡的旅人來說，不過是圖個清靜，莊園裡的湖水已經等於全世界。

原本在台北經營香草餐廳的彼得先生，對於香草植物的熱愛，從專門為香草料理撰寫的二本書籍就能知道。長年來累積的香草知識，清楚好的自然環境對於植物生長是多麼重要，卻總窩居在狹小緊促的都市裡，這種違反自然法則的生活模式，彼得先生和老婆葛莉絲小姐漸漸看透，於是決定進行一場安靜的島內移民運動，搬到這座位於壽豐鄉山腳下的土地。

「這就是我夢想中的地方啊！」經過夫妻倆用心打造後，原本荒蕪的農地搖身一變成為夢境般的度假天堂。橫長型的低矮屋舍好像是後方中央山脈的縮小版，屋舍前的一大片水池，蓄積著來自上天自然落下的純淨能量，隨時都能洗滌心靈和煩憂。

（左）餐廳位於壽豐鄉中央山脈山腳下，屋外就是一片翠綠湖水。（右上）好的料理除了新鮮食材和絕佳手藝，這裡的服務人員在餐前的用心準備也是讓食物美味不可或缺的關鍵之一。（右下）小地方也可以看到驚喜。

用在地食材展現日式廚藝

由於餐廳是專屬於民宿客人的餐飲空間，為了符合民宿整體環境的低調洗鍊風格，彼得先生精益求精，放棄早已熟練的香草料理，改為更注重細節的日式懷石料理，希望透過一道道出菜的用餐方式，拉長用餐速度，加深客人對環境的細微觀察和認同感。

利用幾樣純正的日式調味，如白味噌、柚子鹽、味醂等，搭配在地所生產的新鮮食材和魚貨，就能做出好吃又結合當地風味的日本料理，「好的料理就是如此，展現於外的手法可以是精緻細膩的日式廚藝，吃到嘴中的卻是道道地地生長於腳下土地的新鮮食材！」這就是彼得先生和葛莉絲太太追求的自然美味生活。

這裡提供的日本料理有二種價位，從前菜到甜點各都有八樣菜色。以主食來說，擺盤華麗的沙丁魚生魚片，讓人眼睛為之一亮，而燻烤到表皮金黃的櫻花木煙燻香魚，包覆一張日式吸油紙，更顯出滿滿和風味。最後一道主食是份量超多的加州壽司捲，包了鮮蝦與生菜的壽司，一口咬下，就能嚐到超紮實的新鮮口感。

主廚推薦美味招牌菜

◀沙丁魚生魚片
將新鮮沙丁魚處理成生魚片後，保留魚頭及魚身做為盤飾，搭配幾片綠葉陪襯，更顯出魚肉活跳跳的新鮮感。

▶滑子菇信州味噌湯
將表面帶有些許黏液的滑子菇，放入用來自日本信州的味噌做成的湯中，同時吃得到滑子菇的獨特口感和豐富營養。

◀櫻花木煙燻香魚
採用櫻花木段以低溫燻烤香魚約九十分鐘，烤出來的魚皮較為乾硬，卻保留住魚皮下方的鮮嫩肉質。

陶甕百合春天
大自然的野宴廚房

田野間

陶甕百合春天
價位:每人400元~1000元,沒有固定菜單,須預約。
地址:花蓮縣豐濱鄉港口村大港口10鄰77號
電話:03-8781479

這片土地特有的美感也呈現在美食的態度上,將海岸以及田野當作自己的冰箱,隨著自己的直覺與天地恩賜的食材創作料理,以撿來的石頭當器皿擺盤,豪邁原始自然的美感,形成獨一無二的飲食文化。

陶甕是大女兒、百合是二女兒、春天是爸爸的名字。餐廳隱身於台11線海濱公路旁簡單的棚子,沒有招牌,只有用漂流木組合的桌椅。廚房就在一旁,爸爸春天作菜,三個女兒繞著爸爸玩耍,這是旅人看到的景象。

春天是原住民廚師,他說:「上天給的恩賜,讓大地擁有眾多的食物可吃,只是要知道食材的生產季節特性,就能吃到最天然的美味。」開伙前,他的準備工作不是上市場買菜,而是跨越馬路到田裡去採收食材,並依照時令的韻律轉動,尋找餐桌上的靈感。簡單的說,他的冰箱就是這片海、這片山。

在田埂當中採收著野生苦瓜,一邊說著這種苦瓜不苦,在旱地很能長;一邊拿著開山刀,披砍著黃藤,敘述山谷田野的各種食材,從食材盛產的季節、屬性、料理方法都細數家珍。

（左）隨手摘取都有食物可以品嚐。（右上）大自然所給予的恩惠俯拾皆是。（右下）隨手採收的黃藤。

純粹原味的大地料理

這裡的黃藤，通常可以長到三四層樓高，他俐落地趕砍下，剝下外皮後，放入竹婁當中，等一會這就是一道烤藤心的料理，雖然有點苦味，但是很好吃。接著他又說到：「味道特殊的打納是原住民常用的香料，鬼針草可以拿來煮湯，麵包樹是來自東南亞的外國品種，麻菜是客家人吃的菜，構樹的果實很甜，有點像山粉圓，而青筍則是剛剛冒出來的。」一路上到處都是他俯拾皆是的素材，也是台灣這塊土地豐富的飲食圖像。

春天主廚，像是個藝術家，拿著開山刀走在田間，尋找著靈感；他的祖先千年以來都做著同樣的事情，把充滿著大地原始能量的食材，幻化成一道道餵補人類元氣的料理。

「野菜」令人聯想到日本京都的京野菜。京都人的京野菜，尊重大自然與人體的韻律，只食當令、當地且沒有經過品種改良的傳統野菜。「野菜」、「原始」，造就了陶甕百合春天的飲食美感，天然環保的烹調方式，保有原汁原味的營養與口感，吃起來絕不輸京都的京野菜料理。

主廚推薦美味招牌菜

◀野蕃茄與竹筍
水煮過的「過貓菜」加上剛採收的「青筍」搭配上「野番茄」，可以吃到筍片清甜嫩脆的口感、野番茄直率的香氣，過貓菜爽朗可口且飽滿的元氣感。

▶野苦瓜
野苦瓜煮過冰鎮放在藤蔓枝葉後，擠上芥末美乃滋與魚子，口感美味而精彩。

◀黃藤心山蝦
烤過的山蝦搭配剛砍下烤過的黃藤心，放在厚重黑色石頭上，蘸上用燙山蝦的湯汁與辣椒調和的醬汁，味道鮮美。

203

關山米舖

原木農舍大啖客家稻香美食

關山米舖

價位：每人消費約200~300元
地址：台東縣關山鎮順興路15號之2號
電話：089-812158

田野間

來到米鄉台東，由北而南，從池上一路延伸至關山的稻田世界，彷彿沒有止盡的，組成一幅大型稻香拼布畫。累了，就在道路旁的涼亭歇坐，肚子餓了，就到一間名為米舖的客家餐廳，肆意飽食整晚。

間位在農田間的豬舍，原本殘破不堪還留有些許異味，但座落的位置其實很美，遠山、近水還有成排檳榔樹環抱。原本的魚池，現在種滿了荷花，本是殘破的老豬舍，經過老闆夫妻倆人巧手整理後，放進了爺爺級的老鼓風機、斗笠、簑衣、客家花布吊燈和林林總總的古意小玩具，空間裡的氣味立刻充滿好幾十年前的懷舊氛圍。當初祖父帶著六個兄弟來台東開墾，現在為了照顧家裡，賴老闆於是放棄自己的事業，和曾擔任國外導遊的老婆，一起回到故鄉台東，重新開始自己的生活。

「做菜的本事是從小看著媽媽做就學會的！」彷彿天才小廚師般，賴老闆憑著印象中的客家菜味道和回憶媽媽的做菜身影，回到故鄉的新工作，就是自己開間客家餐廳。取名「米舖」，呼應了關山當地的產業型態，也讓人一看就發現肚子怎麼不知不覺就餓了。

（左）餐廳內有許多具有客家風味的裝飾，都十分有特色。（右上）念舊的老闆將早期留下的鼓風機整理後，放在餐廳進門處，讓所有客人都能看到這台具有紀念價值的古董。（右下）入夜之後，昏黃燈光別有一番風味。

大啖客家味極品焢肉

　　老闆娘的拿手菜是客家焢肉，最重要的就在於炒糖，多了這道程序，糖香完全可以滲入三層肉中。最後再加入醬油和蔥段，讓每塊焢肉吃起來都是鹹鹹甜甜，還有淡淡的自然蔥香。老闆娘從專業的帶團導遊，搖身一變成為可以燒出一桌好菜的廚娘，憑著腦中的氣味印象，和老公就這麼一搭一唱地，在這間關山鎮中的小屋舍廚房裡，認真煮出一道香得不得了的家常好菜。

　　坐在古意盎然的餐廳裡，隔著窗就能看到戶外的水池美景，坐在外頭用餐，好像回到阿嬤家吃晚餐一樣的舒服自在。米舖提供的都是傳統道地的客家菜，除了人氣焢肉之外，以甜豆搭配自製臘肉炒出的小菜，可以先來一盤開開胃。附有客家桔醬的白斬土雞當然也不能錯過，這裡所用的雞肉都是自家放山養殖的運動雞，彈Q肉質沾上酸滋味的桔醬超級對味！味道更酸的薑絲大腸，每條腸子裡裡外外都經過老闆的細心清洗，吃起來自然爽脆無腥味。飯後再來一碗冬瓜醬雞湯和客家九層糕，讓滿嘴的客家滋味持續一整晚，這就是在米舖可以享受到的飽食樂趣！

主廚推薦美味招牌菜

◀**客家土雞**
將自家用玉米及菜葉飼養的土雞煮熟後，白切處理，沾醬則為客家人喜歡的桔醬，偏酸醬汁更能帶出雞肉的鮮甜。

▶**薑絲大腸**
選用台東當地飼養的活體豬大腸，將大腸正反面都用鹽水仔細清洗，再搭配薑絲快炒，酸酸的口感十分下飯。

◀**冬瓜醬雞湯**
將自己種的冬瓜醃製成漬物，需要放上一至二年的時間才夠味。以醃冬瓜搭配新鮮土雞肉煮湯，就是一盅美味鮮甜的雞湯。

205

標記小館

道道皆美味的硬漢家常料理

標記小館

價位：每人消費約200~250元
地址：花蓮縣花蓮市府前路648號
電話：03-8227726

巷弄內

（左）店內的蔥油餅都是標哥親手 麵糰做成的餅皮，純手工餅皮吃起來就是不一樣，更多點鬆軟口感。（右上）標嫂手工包的水餃裡，包了滿滿的肉餡、韭菜和蔥末，一口咬下，滿嘴都是蔥香，沾點自製醬油更是美味。（右下）吃完了標哥標嫂豐盛家常菜後，貼心的他們會特別準備一大碗用料豐富的八寶冰，這是免費招待客人的飯後甜點。

花蓮的大山大海，讓人一看就豪情萬丈。窗外是一片藍天白雲，一位身穿艷紅色海陸紀念T恤的中年男子，正從廚房端出一盤剛炒好的宮保雞丁，老婆跟在後捧著一盅南瓜雞火鍋，女兒在櫃台忙著招呼，上門的客人全都為了一桌名叫標哥所做的硬漢家常料理。

這間看似尋常平凡的路邊小餐館，首先讓人覺得有點不一樣的地方，就是門旁大刺刺掛著一塊招牌，上頭刻有「花蓮縣陸戰隊隊友會」的字樣。猜想老闆應該是從陸戰隊退伍的弟兄，或許身材彪悍，然後一身硬脾氣，不太愛笑也不愛說話。

直到老闆標哥走出來後，猜測只對了二樣。標哥的確曾在海軍陸戰隊服役九年，練得一身好體格，但臉上卻掛滿笑容，點菜的時候很有耐心，進了廚房做起菜來更像是位懂得體貼太太的好老公。標哥是在地花蓮人，祖籍浙江大陳，小時候剛好住在餐館對面的大陳村，因為兒時家裡就經營餐館，從小在旁邊看邊學，耳濡目染之下也學會一身好廚藝。雖然是外省眷村背景，但現在餐館裡提供的菜色，早已經包山包海，什麼口味都吃得到了。

手巧心細的標哥，早期經營過手工藝店，不過終究忘情不了對於做菜的喜愛，還是專心回歸到餐廳的老本行。念舊的標哥從陸戰隊退伍後，便和其他三十二個弟兄一起成立了隊友會，這間小館就成了眾家弟兄們的聚會所。大夥兒不時圍坐在小館餐桌旁，開心吃著標哥和標嫂道地的家常菜，天南地北閒聊一番，這便是讓標哥甘於守著一間小餐館長達十八年的真正動力。

在花蓮市區玩到肚子餓時，不妨走進這間小餐館裡吃東西補體力，坐在可以看窗外藍天的位置，菜單不用看太仔細，直接請標哥端上幾道最自豪的雞肉料理，喝杯茶水，等著大吃一頓就好。

綜合本省味和外省菜的精華

　　標哥做的雞之所有好吃，因為他懂得將整隻雞所有部位都做成一道道家常好菜。從頭開始說起，開胃的涼拌雞冠，滋味酸酸甜甜，嚼在嘴裡很帶勁；吃完雞冠再吃雞胸肉，將雞胸切丁搭配乾辣椒和花椒，用大火快炒而成的宮保雞丁，香辣夠味，多配幾碗飯都沒問題；接著再吃雞腿，用雞腿肉做成的招牌菜蝦油凍雞，冰涼涼的凍雞肉質十分彈Q，咬下去牙齒彷彿在和雞肉一起跳舞。需要費時處理的雞腰，做成營養補身的雞腰麵線，最後就是一盅用料滿滿的南瓜雞火鍋，將雞肉其他部位切塊和新鮮南瓜一起熱煮，煮出超鮮甜美味的火鍋湯頭，保證一喝就成老主顧。

　　其他的肉料理或是海鮮佳餚，每樣都混合了本省和外省味的精華，結合出專屬標哥風格的家常好菜。像是客人必點的炸斑鳩，酥脆的外皮讓人一看就流口水，沾點台味十足的胡椒鹽，更襯托出斑鳩肉質的香嫩多汁；選用新鮮大蝦仁做出的蛋炒蝦球，蛋色金黃配上粉嫩蝦球，表皮帶點薄薄的油光，蝦肉新鮮、入口爽脆。

　　除了快炒類之外，標哥的拿手蔥油餅也要嚐嚐，用走油方式做出的蔥油餅香氣更濃，再來一盤標嫂每天手工現包的蔥肉水餃，搭配滿是菠菜和吻仔魚的濃稠熱湯，標記小館裡吃不完的好菜真是讓人大呼過癮！

主廚推薦美味招牌菜

◀苦瓜羊肉
加入中藥香料一起炒出的這盤苦瓜羊肉，吃不出羊肉的腥騷味，咀嚼苦瓜後反倒帶出口中的甜滋味來。

▶涼拌海草
先將醃製好的紅蘿蔔與白蘿蔔切絲後，再與新鮮海草涼拌調味，過程中加入辣椒絲增色添味。

◀炸斑鳩
這道炸斑鳩可是標記小館裡的招牌菜之一，每隻炸得金黃漂亮的斑鳩，吃起來表皮酥脆，肉質又是十分有彈性。

〔 從頭吃到腿的雞料理補元氣 〕

▲宮保雞丁
搭配自己醃製的小黃瓜丁，和雞丁、辣椒、花椒、花生一起拌炒。

▲涼拌雞冠
將紫洋蔥切絲，搭配香菜和汆燙好的雞冠絲一起涼拌調味，手法簡單。

▲蝦油凍雞
用蝦油調味出來的招牌凍雞，再放置冰箱一段時間後，拿出來品嚐是美味。

▲雞腰麵線
加入麻油、米酒和薑片等配料，先將新鮮雞腰和白麵線煮熟後，拌入這些重要配料。

▲南瓜雞火鍋
南瓜和雞肉熬煮成的火鍋，湯頭可是十分香甜鮮美呢！

家咖哩

非吃不可來自星國阿嬤祖傳咖哩

家咖哩　　　　　　　　　　　　巷弄內

價位：每人消費約200~250元
地址：花蓮縣花蓮市中美路5-8號
電話：03-8343290、0939-709-805

繞過一個大轉彎，來到花蓮市美崙地區，路變大變寬，兩排的綠樹也變高變闊，像是國外某個小鎮街道，隨時都有親切的鄰居向你打招呼，如果不趕時間，他們就會邀請你嚐嚐廚房裡剛煮好的新鮮咖哩醬。

人都說花蓮是塊會黏人的土地，一旦在這裡生活一陣子，總會想盡各種理由留下來，曾在東華大學念了四年資管系的Rush，就是其中一位說什麼也不走的新花蓮人。

「那時決定放棄留學後，就開始思考要做什麼才能繼續在花蓮生活。剛好媽媽說要去新加坡見老朋友，就跟著一起去了。」這次的旅行，意外開啟Rush的新事業。媽媽的老朋友是一位年歲頗高的阿嬤，阿嬤為了歡迎遠道而來的台灣友人，便端出拿手絕活的咖哩料理，讓這對母子好好品嚐。這一吃可不得了，母子異口同聲大讚南洋咖哩的美味，Rush腦筋一轉：「不如來學咖哩吧！」於是兩人就在新加坡學習道地的南洋咖哩做法，老阿嬤差點失傳的好手藝，也因此幸運地保留下來。

（左）每盒咖哩醬除了包裝精美之外，還附有一只由當地陶藝家手工燒製的咖哩醬專用匙，貼心的做法讓人覺得物超所值。（右上）店內的擺設十分溫馨，經常可見全家福的用餐情況。（右下）小孩子也喜歡在這裡品嘗好吃的咖哩料理

關鍵香料烹調迷人咖哩大餐

回到台灣後，媽媽更拿出辛苦存下的退休金，幫忙Rush在花蓮開店，試賣後評價越來愈好，客人希望可以單買咖哩醬，於是乾脆砸錢買機器，把多餘空間改裝成專業的咖哩醬製造工廠。

因為南洋咖哩需要用到許多特殊的香料，最早他們使用進口的香料粉，但做出來的味道總是不如預期，Rush突然想到念大學時認識的原住民朋友，於是上山詢問他們是否有種植這些香料，竟親眼看到朋友菜園裡就長著這些夢想中的新鮮香料。取得關鍵香料後，Rush做出的咖哩醬口感更加立體了。

店裡提供的咖哩種類有五種：甘味醬、魚頭醬、養身鮮菇醬、香辣醬和海鮮醬。每一種都有自己適合搭配的料理，例如用魚頭醬咖哩做成的香酥咖哩鮮魚，表皮炸得酥酥的鮮魚排，沾上魚頭醬咖哩，兩種海味自然融為一體。而用富含薑黃素的養身鮮菇醬咖哩，搭配各種鮮蔬做成的素食咖哩餐，則是Rush強力推薦的必吃料理。另外像是配合時令推出的秋蟹粉絲煲，更是Rush十分自豪的最新菜色，當然也要來上一盤囉！

主廚推薦美味招牌菜

◀香酥咖哩鮮魚
選用魚頭醬咖哩，內含小荳蔻、芥茉子、葫蘆巴和苦豆等四種香料，搭配裹粉酥炸後的潮鯛，十足的孟加拉風味。

▶原味椰香辣雞
使用香辣醬來製作這道菜，內含肉桂皮、小茴香等15種辛香料，搭配新嫩的仿山雞入菜。

◀泰式檸檬海鮮
以海鮮醬為基底的泰式咖哩醬，特別加入蝦醬增添泰式風味，搭配白胡椒，更能吃出海鮮的鮮甜滋味。

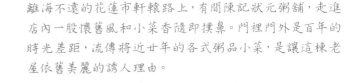

陳記狀元粥舖

在百年檜木老屋吃傳統粥品小菜

陳記狀元粥舖 ｜ 巷弄內

價位：每人消費約70~200元
地址：花蓮縣花蓮市軒轅路10號
電話：03-8333864

離海不遠的花蓮市軒轅路上，有間陳記狀元粥舖，走進店內一股懷舊風和小菜香隨即撲鼻。門裡門外是百年的時光差距，流傳將近廿年的各式粥品小菜，是讓這棟老屋依舊美麗的誘人理由。

花蓮市的移民色彩很鮮明，日本人留下許多日式老屋讓這座城市充滿濃郁的懷舊風情。花蓮人惜福也充滿創意，知道在老建築裡販售傳統小吃，讓吃這件事變得更有文化和趣味。

陳記狀元粥舖的陳老闆，原本從事廣告攝影工作，對於美感的敏銳度自然高人一等，著手營造這間老房子時，他懂得留下並善用老屋原本而自然的昏暗色調，只在一些牆面或角落用繽粉的國劇臉譜或大紅剪紙點綴出色彩。這一明一亮的設計，讓這棟百年檜木老屋透過幾扇古窗溜進的光影變化，呈現不凡之美。

店外招牌大大寫著「陳記狀元粥舖」，不知情的人以為這裡只有賣粥，走進店裡卻見到滿眼的碟碟小菜。有老闆娘負責的傳統台式小菜，也有請來五星級飯店師傅製作一籠籠現蒸港式小點。陳老闆說小菜最多會有六、七十種，菜比粥多，客人可以輪流品嚐上回沒吃到的小菜，這就是在陳記吃粥配菜的最大樂趣。

（左）這棟用檜木搭建起的房子，深長型的格局搭配多面老門框，顯得古意十足。（右上）陳老闆在室內空間運用許多中國風的佈置元素選用竹材搭配小型國劇臉譜面具當作壁飾，風格獨特。（右下）老闆娘用花蓮當地最好的富麗米煮粥，米香和黏稠度都是上上之選。

用在地食材熬煮成的絕妙好粥

攤開一碗及第狀元粥的食材清單：豬肝、山藥、雞蛋、豬肉丸、干貝、香菇、小白菜、竹笙、油條、蔥花和米，洋洋灑灑就十多種，食材盡量選用花蓮當地所產，包括在地電宰雞、吉安福興村、稻香村產的山藥及小白菜、富里富麗米等。有了好食材輔助，再來製作最重要的粥底。粥底高湯特別選用帶肉的豬大骨和雞大骨搭配干貝一起熬煮四小時完成，煮出來的高湯更為鮮甜。煮粥時老闆娘堅持用生米下去煮，這樣煮出來的粥才會有自然的黏稠度，最後再加入其他煮好的配料，超滿足的口感讓這碗粥顯得更豐盛，一碗下肚精力大增，果然是狀元級的傳統好粥品！

人氣招牌小菜如香酥芝麻餅，一口咬下，韭黃和大草蝦仁全進了嘴裡，鮮味十足；再來一盤釀製多時的冰醉雞，酒香四溢，越吃越有味；而用曼波魚軟骨做成的涼拌小點，口感超彈牙，最後再來一盤老師傅做的紅豆糕當飯後甜點，氣味口感都是濃郁滿分！

主廚推薦美味招牌菜

◀ 及第狀元粥
用了十種材料熬煮而成的及第狀元粥，不僅份量十足，內餡各個都是飽滿新鮮，搭配鮮甜湯頭入口超美味！

▶ 冰醉雞
選用十幾種中藥材搭配紹興酒，和花蓮當地現宰的雞腿肉一起浸泡，完全入味後再冰鎮處理，吃起來酒香十足又彈Q！

◀ 涼拌海菜
選用自花蓮沿海海底岩石採收的新鮮海菜，老闆娘重視生態保育，特別要求菜販採收時須用剪的方式，海菜清洗後燙熟涼拌即可品嚐。

台東文旅葛瑞夫餐廳

博物館裡品嚐極致手工海鮮料理

台東文旅葛瑞夫餐廳 | 巷弄內

價位：每人消費約250~350元
地址：台東縣台東市博物館路1號
電話：089-384666

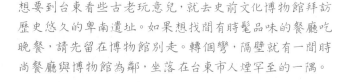

想要到台東看些古老玩意兒，就去史前文化博物館拜訪歷史悠久的卑南遺址。如果想找間有時髦品味的餐廳吃晚餐，請先留在博物館別走。轉個彎，隔壁就有一間時尚餐廳與博物館為鄰，坐落在台東市人煙罕至的一隅。

怎麼也想不到，在相對於台東市來說極為偏僻的地方，竟然有這麼一間與博物館為鄰的時尚餐廳。一走進旅館內，黑色和暗紅色的主色調迎面而來，天花板上垂吊的幾盞藝術老燈，透露出老闆的人文品味。視線再拉到牆面，幾幅點綴性的橫長型黑白攝影作品，畫面是國外磅礡的峽谷風光和自然奇景，透過灰階調的色相展現，隱約又增添出高格調的藝文氣息。除了國外攝影作品外，還掛了好幾面精緻銀亮的威尼斯鏡。看得目眩神迷之際，突然發現牆上還有幾幅配色素雅的紡織作品，這些傑作都是來自於當地原住民部落編織達人之手。除此之外，餐廳正中央的位置，還放了一座縮小版的達悟族獨木舟模型，這是博物館情義相挺出借的珍貴作品，讓餐廳的氛圍突然拉升為小型博物館的深度。在這裡不僅可以享受一頓精緻西餐，喝杯小酒，欣賞幾幅當地部落族人的創作，都是在這間葛瑞夫餐廳可能發生的美好事。

（左）以沉穩的暗色調為主，搭配幾幅橫長型的黑白攝影大作。（右上）博物館特別借出這尊獨木舟木雕，讓整座餐廳的在地文化味更濃郁。（右下）老闆特別拜訪台東當地部落的編織達人，量身訂做幾幅巨大的編織作品，再用畫框方式裱褙起來更顯箇中特色。

吃出主廚結合在地食材創意好味

　　葛瑞夫餐廳主要提供精緻的西式料理，年輕主廚黃俊誠善用在地新鮮食材，發揮純熟的廚藝手法，像是餐廳內的海鮮料理，就盡量選用從台東成功漁港捕撈的新鮮魚貨，最短時間從漁港直送進廚房，這樣才能掌握海鮮的黃金賞味期。食材的種類依每天進貨而有不同，哪種魚新鮮，主廚就用哪種魚，紮實的手法讓他可以每天專注在精彩的菜色變化上。坐在葛瑞夫餐廳裡，同時品嚐餐點和空間的美學展現，是旅行台東最幸福而奢華的事。

　　如果是吃素的客人，主廚也貼心準備了一份蔬菜佛卡夏三明治，裡頭包了杏鮑菇和滿滿生菜，豐盛的飽足感讓人大呼過癮。選用台東在地米搭配各式海鮮料做成的鬱金香海鮮燉飯，特別將醬汁收得更乾，吃起來更為爽口。另外加入木瓜和調酒特製的鮮果沙巴詠，看起來金黃可愛，吃起來酸酸甜甜，充滿小女人的滋味！而採用太麻里生產的洛神花做出的洛神花雪碧，再次看到黃主廚熱愛結合在地食材的做菜手法。

主廚推薦美味招牌菜

◀鬱金香海鮮燉飯
選用得獎的台東米，放入薑黃粉、蟹腳、蝦仁、鯛魚等多種海鮮一起與飯燴煮，最後加入奶油和起司粉即可。

▶美國肋眼牛排
選用美國choice肋眼，先以高溫將表面煎出微焦感，再搭配炒野杏菜（都蘭野菜）、馬鈴薯和甜椒，擺盤後即可出餐。

◀泰式鮮蝦奶油寬麵
取用泰式酸辣醬，搭配鮮蝦、白油、鮮奶油和寬麵一起拌炒，起鍋前再加入大量九層塔增加麵的香氣。

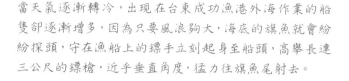

佳濱成功
旗魚專賣店

大啖旗魚達人嚴選的極鮮海味

- -

佳濱成功旗魚專賣店　　　　**港灣邊**

價位：每人消費約200~300元
地址：台東縣成功鎮民生路118號
電話：089-854899

當天氣逐漸轉冷，出現在台東成功漁港外海作業的船隻卻逐漸增多，因為只要風浪夠大，海底的旗魚就會紛紛探頭，守在漁船上的鏢手立刻起身至船頭，高舉長達三公尺的鏢槍，近乎垂直角度，猛力往旗魚尾射去。

成功漁港是台灣捕獲旗魚最重要的漁港，當船在早上陸續回港後，魚市場上早就站滿了準備出手的買家，在當地從事旗魚買賣已有數十年經驗的林寶山，心底早已選定好哪幾尾優等上貨。

「哪幾尾旗魚品質好，我一看就知道！」當然林寶山還是會拿出手中的空心鑽，朝魚尾取下一節魚肉，在嘴裡做最後確認，不過通常八九不離十，而他看上的，也盡其可能收購回來，做完初步的處理和分切後，立刻將魚肉急速冷凍至零下五十度，確保魚肉維持在最新鮮的品質，店內同樣有足夠的冷凍設備，可以妥善保存這些上等品質的旗魚肉。

門市除了賣生魚肉外，還規畫用餐空間。餐廳就交給很會做菜的太太黃妍珍和很懂行銷的兒子一起負責，有了旗魚達人林寶山坐鎮，佳濱旗魚店裡提供的海鮮料理，品質等級絕對高檔。

（左）這間店由全家人分工經營，店務方面主要由媽媽和兒子一起打理。（右上）兒子更發揮年輕的人創意打造出這間環境典雅的餐廳。
（右下）店內還提供等級較高的白旗魚生魚片，魚肉顏色較白，吃起來卻相當紮實，好像嘴裡藏了一隻活跳跳的旗魚呢！

當生魚片遇上咖啡超級對味

　　「吃原味，才能吃出食材真滋味。」這是黃妍珍堅持的做菜原則，所以烹飪手法只有烤和煮，絕不加人工味精，要喝鮮美湯頭，就耐心用大量蔬菜和魚大骨慢慢熬煮，自然能煮出鮮甜滋味。第一次來佳濱的客人，她一定會推薦先品嚐生魚片料理，這裡的生魚片通常會有四種左右，要看當天進的魚貨而定，鮮度百分百！

　　頗具創意的兒子林昱濱，則將自家的頂級白旗魚生魚片，搭配現煮的卡布奇諾咖啡一起吃，微冰的旗魚肉放進嘴裡，再喝下一口香醇熱咖啡，立刻為口感補上溫暖的芳香味。兩者出外意料的對味，也讓這道「旗魚咖啡」成了店內人氣最旺的創意料理。

　　品嚐過美味鮮甜的生魚片料理後，繼續享用豐富海鮮大餐，例如將厚實的旗魚卵切片後，紅燒快炒，蠔油香和沙沙的旗魚子口感超速配！而用曼波魚肚做出的五味龍腸，五種滋味在嘴裡此起彼落地相互呼應。最不能錯過的就是白旗尾排，選用白魚旗尾，以燒烤的方式處理，肉質超彈Q，深獲女性客人喜歡！

主廚推薦美味招牌菜

◀紅燒旗魚子
先將旗魚子切片煎熟後，再搭配蒜頭、小黃瓜、香菇素蠔油和醬油一起拌炒，紅燒處理後就完成這道很下飯的料理。

▶清蒸紅口
將新鮮的紅口鮮魚撒上鹽，加入樹子、米酒和醬油一起清蒸，出菜時再撒上辣椒和蔥絲，為這道菜的賣相大大加分！

◀芹炒曼波
將曼波魚切片後，直接和芹菜與大蒜一起拌炒，手法極為簡單，就能吃出曼波魚的新鮮原味來。

緩慢石梯坪
山與海的原始滋味

━━━━━━━━━━━━━━━

緩慢石梯坪

價位：晚餐山月慢食每人600元
地址：花蓮縣豐濱鄉石梯灣123號
電話：03-8781789

港灣邊

石梯坪緩慢民宿就屹立在海岸旁的一片綠草原上。特地請來洪震宇為山月慢食找食材、設計菜單，隱藏在山與海裡的原始滋味在在令人難忘，緩慢民宿要讓所有來到這兒的人，味蕾與身心都得到徹底的放鬆。

緩慢民宿認為，來到這裡，不僅心情要放鬆，胃也要放鬆，才能讓身心得到真正的自在，因此特地請來《旅人的食材曆》作者洪震宇為緩慢的「山月慢食」找食材、設計菜單。

洪震宇跑遍花蓮大小市集尋找在地食材，也常到長濱市場與小販阿姨閒聊，「我問她們這些菜要怎麼吃，部落媽媽們就熱情地圍過來七嘴八舌介紹。」洪震宇笑著說，「這些野菜都是阿美族媽媽去山上採回來的，她們都很厲害，知道什麼是可以吃的菜，什麼是不能吃的草，而且需要多少就摘多少，不會過量。」在一次次閒聊與走訪中，洪震宇發現原住民靠山吃山、靠海吃海的精神是現代人最應該效法的，因為野菜味道重、有個性，能讓人記得食物真實的滋味，進而對土地也會有更多認識。「我希望可以藉由吃，讓人認識當地的文化內涵。」也因此最後洪震宇以阿美族常吃的山中野菜和海岸野生海菜為石梯坪的山月慢食定調。

（左）長濱市場賣野菜的部落媽媽，熱心地告訴我們野菜要怎麼煮最好吃。（右上）前身是私人招待所的緩慢石梯坪民宿，每一間客房都可看見美麗的太平洋。（右下）緩慢石梯坪民宿外觀。

嚐不膩的原生野味

至於山月慢食的主菜，洪震宇則選擇東海岸黑潮文化下獨有的漁獲鬼頭刀。為什麼是鬼頭刀？洪震宇說得直率：「因為我偏愛鬼頭刀。」他進一步解釋，「鬼頭刀因為外型兇惡，好像不受台灣人喜愛，東海岸補到的鬼頭刀多半出口到歐美。但鬼頭刀不但便宜而且又很好吃，再加上鬼頭刀是追逐順著黑潮的飛魚而來的，所以又有別名叫『飛虎魚』，這一切不是顯得鬼頭刀很有故事很有趣嗎？」

緩慢石梯坪的山月慢食，食材雖是阿美族常吃的菜，但經過一番轉化創作，已非所謂的原住民料理。決定了主要食材，洪震宇和緩慢主廚相互討論、試菜，創造出獨一無二的特色美饌，食材用料看似尋常無奇，組合起來卻又讓人如此驚豔。

民宿後方有一個野菜園，請來港口部落的媽媽來幫忙打理，有龍葵、山萵苣、紫背草…這些我們平常以為的雜草，卻原來都是可以吃的野菜。原生野味似乎怎麼也嚐不膩，也讓人更加期待緩慢民宿的各種料理創作，還能帶來怎樣的驚喜。

主廚推薦美味招牌菜

◀疏齒魚生魚片
疏齒魚生魚片和海菜，淋上特調芥末籽醬，鮮美海味中帶著些微的酸甜。

▶泥火山手工豆腐
以帶有鹹味的泥火山水取代讓豆腐凝固的石膏，豆腐香氣撲鼻，口感紮實，是一道清新無負擔的可口佳餚。

◀燉飯
以鬼頭刀魚骨熬煮高湯，再加入刺蔥、山蔬、芋頭絲佐味，嚐來風味獨特。

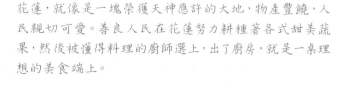

花蓮，就像是一塊榮獲天神應許的大地，物產豐饒，人民親切可愛。善良人民在花蓮努力耕種著各式甜美蔬果，然後被懂得料理的廚師選上，出了廚房，就是一桌理想的美食端上。

理想大地
渡假飯店風
味餐廳

盡嚐在地食材的百變風味

理想大地渡假飯店風味餐廳 ｜飯店內｜

價位：每人消費約300~400元
地址：花蓮縣壽豐鄉理想路1號
電話：03-8656789

位於壽豐鄉的理想大地渡假飯店，座落面積廣大，園區裡有一間以標榜運用在地食材入菜的風味餐廳。從外觀望去，後頭倚著一片壯闊的中央山脈，彷彿堅強盡責的守護者。

走進餐廳內，氣氛又與外頭的風景不同，整齊劃一的尋常餐桌椅上方，卻有寫滿許多中國詩詞的特色天花板。古詩文臨在客人頭上，用餐感覺猶如鑽進了老書本中，聞到的先是書香，接著才是陸續上菜的食物香。一整排落地長窗的設計，也將戶外的藍天白雲和樹影，全都一併納了進來。這是坐在窗邊用餐無上的視覺享受，色調飽滿的自然美景搭配桌上顏色鮮豔的各式菜色，宛如一幅色彩大師馬諦斯的傑出畫作。

身處在景致如此豐富的環境中用餐，來到風味餐廳的客人都是最幸福的。除了視覺上獲得大滿足之外，完全選用在地食材巧妙入菜的特色料理，更讓味覺百般美妙。

（左）園區景色優美、面積廣大。（右上）餐廳和當地小農配合蔬果食材也請專人經營菜園。（右下）除了中國詩詞外，餐廳空間內還設有二根希臘式立柱，中西合璧，呈現出頗為有趣的混搭風格。

吃盡主廚手作風味料理

　　將在地食材淋漓盡致運用的主廚蔡坤城，就是知道因為花蓮的土地好，才能培育及種植出各種高質素的食材。生長在自家菜園的雨來菇和茄子，就是現成而方便的新鮮食材，要用便取，平時還有專人細心照料，隨時都能讓客人吃到現摘現做的蔬食美味。而來自秀林鄉山區的山蘇，雖然是常見的野菜種類，但主廚堅持要將每道菜都能結合在地食材的做菜理念，連一盤尋常的炒山蘇也不例外。「吃的在地最是美味！」這是主廚堅持的美食標準。

　　每種蔬果鮮艷而自然的顏色，讓人開始期待主廚手作料理的精彩演出。　　除了蔬菜選用在地外，連豬肉主廚也愛用花蓮豬。來自於花蓮玉里鎮飼養的網室豬，肉質健康而鮮美，其中的豬頰肉部位更是彈性十足。主廚特別選用豬頰肉搭配高粱酒做成味噌松阪盤，帶有酒香的超彈牙豬肉片，一吃就上癮！另外還善用玉里所產的金針花，搭配香茅和各式海鮮料做成一鍋香茅金針羹。一湯匙豪邁撈起，滿滿的餡料誠實展現，帶有爽脆口感的金針花和濃郁海鮮湯頭，讓人忍不住一碗接著一碗，大口喝下肚。

主廚推薦美味招牌菜

◀味噌松阪盤
將玉里鄉養殖的網室豬頰肉先用味噌和高粱醃過，再酥烤40分鐘，最後淋上冰梅醬汁和搭配生菜即可。

▶小魚干山蘇
選用秀林鄉生產的新鮮山蘇，搭配蒜片、水花和小魚乾一起拌炒，簡簡單單，就能吃出山蘇特有的爽脆口感。

◀柚醬羊嫩排
選用鶴岡文旦柚做成羊排沾醬。

221

知本老爺大酒店酋長鐵板燒

食材尚青的頂級鐵板料理

知本老爺大酒店酋長鐵板燒　　**飯店內**

價位：成人每份980元起
地址：台東縣卑南鄉溫泉村龍泉路113巷23號
電話：089-510666

台東是療癒身心靈的好地方，自然風景洗滌心靈，知本溫泉洗滌身體。體內剛挪出的空間，就讓美食來填補吧！這裡有間酋長級的好吃鐵板燒，食材上等，手法精彩，樣樣都是招待VIP貴賓的美味料理。

走進這間老爺酒店經典的酋長餐廳，空間大小適中，陳設佈置舒適典雅。窗外有小橋流水供人欣賞，室內有運筆豪邁的字畫讓貴賓靜靜品味，濃厚中國風的禪意先幫大家暖了心。迎面而來的ㄇ字型三座鐵板台，彷彿來到以做好料理傳家為祖訓的三合院人家，溫馨的氣氛就像來到朋友家客廳。

主廚賴新豐，喜歡邊做菜邊和客人聊天。「我喜歡看見客人一聽到鐵板上滋滋聲和聞到香氣，臉上表情立刻誠實散發出笑容的那個瞬間。」他邊說邊開始在鐵板台上淋了幾滴油，撒上一些爆香用的蔥蒜末，準備開始為客人製作一份精緻的鐵板佳餚。食材大多選自台東當地，除了各式新鮮蔬菜外，菜色裡也加入了在地原住民常吃的月桃粽。西式料理與原住民風味小食交相搭配，手法歐風，口感卻是道地的台東味。這就是酋長鐵板燒餐廳的用心之處，從主菜到甜點，每一樣都融入了在地風味在裡頭。

（左）擁有十餘年廚藝經驗的師傅，快速翻炒間，一道道美味陸續上桌。
（右上）酋長餐廳空間大小適中，擺設大方典雅，用餐氣氛十分舒服。
（右下）鐵板燒所使用到的蔬菜，都是主廚親自拜訪在地小農所精選出來的新鮮蔬菜。

隱藏版私房醬汁大揭密

　　品嚐鐵板燒料理最重要的關鍵，除了師傅的純熟手藝外，最重要就是醬汁的處理方式。對於鐵板燒師傅來說，擁有一種屬於自己的獨門醬汁，絕對是必修的功夫。累積十餘年鐵板燒經驗的賴主廚，手中自然有他獨家的醬汁，這種醬汁特別適用於海鮮料理，只要滿滿一匙舖在香煎好的魚排上，視覺與味覺指數立刻飆升！醬汁名為「田野紅酒醬汁」，屬於歐式風格，是他在製作沙拉時突發奇想研發出來。

　　「這道醬汁是隱藏版的，菜單上看不到，只有懂得門道的客人才知道要請我特別做！」賴主廚一臉神秘，這道神秘醬汁也是經過二次採訪才說服主廚得以曝光。賴主廚將所有材料一一仔細爆炒處理後，最後淋上高級紅酒醋和橄欖油就大功告成。飽滿的鱈魚排先煎好等在一旁，醬汁一完成，主廚立刻豪邁地舀了一匙舖在雪白魚排上，多彩視覺刺激胃腸的翻攪速度，私房醬汁華麗登場！先嚐一份蟹肉燒烤綠竹筍，再來一道XO醬絲瓜煎，搭配的全都是最新鮮的食材，巧妙組合山法式料理般的高級口味。

主廚推薦美味招牌菜

◀蟹肉燒烤綠竹筍
先將綠竹筍川燙後，挖出筍肉放入蟹肉及白醬，以180度的溫度烤約10分鐘，最後再放上鮭魚卵即可。

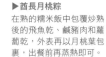

▶酋長月桃粽
在熟的糯米飯中包覆炒熟後的飛魚乾、鹹豬肉和蘿蔔乾，外表再以月桃葉包裹，出餐前再蒸熱即可。

◀XO醬絲瓜煎
選用以成功旗魚、干貝和辣椒自製的全海鮮XO醬，將原住民種植的絲瓜削皮去籽後，煎熟悶透，淋上XO醬即可。

U0144207

作客遊台灣　NO.11

你不知道的台灣美味秘境小旅行

隱藏在港灣海鮮、山林野味、田園蔬食、巷弄私房菜的80種滋味追尋

國家圖書館出版品預行編目(CIP)資料

臺灣美味秘境小旅行 / 洪翠蓮等作. -- 初版. -- 臺北市 : 墨刻
出版 : 家庭傳媒城邦分公司發行, 2012.11
　面；　公分. --（作客遊臺灣；11）
ISBN 978-986-289-087-5(平裝)

1.臺灣遊記 2.餐飲業

　　　　733.6　　101022026

副總編輯／林開富

責任編輯／吳思穎

文字／洪翠蓮、林世傑、蕭孟曲、MOOK出版編輯部

攝影／莊明穎、林勝中、蕭孟曲、MOOK出版編輯部

美術設計暨封面設計／瑞比特設計

行銷主任／呂妙君

發行人何飛鵬　PCH生活旅遊事業總經理許彩雪　社長李淑霞　總編輯林志恆　出版公司墨刻出版股份有限公司　地址台北市民生東路2段141號9樓　電話 886-2-25007008　傳真886-2-25007796 EMAIL mook_service@cph.com.tw　網址 travel.mook.com.tw　景點家網址http://www.tripass.net 發行公司英屬蓋曼群島商家庭傳媒股份有限公司城邦分公司　城邦讀書花園 www.cite.com.tw　劃撥19863813 戶名書蟲股份有限公司　香港發行所城邦（香港）出版集團有限公司　地址香港灣仔洛克道193號東超商業中心1樓　電話852-2508-6231　傳真852-2578-9337 經銷商聯合股份有限公司（電話：886-2-29178022）金世盟實業股份有限公司　製版印刷凱林彩印股份有限公司　城邦書號KG2011　ISBN 978-986-289-087-5定價360元 出版日期2012年11月初版 版權所有 · 翻印必究